혁신 5.0

혁신

뉴 비즈니스의 핵심 전략, 리빙 이노베이션

이상문·임성배 지음

5.0

한국경제신문

이 책은 혁신을 통해 기업이 추구해야 할 목적이 무엇인지, 그리고 어떻게 해야 그 목적을 달성할 수 있는지를 알려준다. 또한 '가치 창출을 넘어 스마트한 미래를 이루는 혁신'이라는 담대한 혁신의 지향점을 제안한다. 그리고 한 발짝 더 나아가 공동창조, 디자인 사고, 인공지능, 빅데이터, 컨버전스, 블록체인 등의 새로운 혁신 전략들이 어떻게 어우러져 '혁신 5.0 시대'를 열 수 있는지를 구체적인 모델을 통해 설명하고 있다. 정체된 혁신 때문에 고민하는 기업에게 추천한다.

— 나완배, 前 GS 에너지 부회장

미래가 얼마나 좋은 세상일지는 혁신으로 좀더 지속가능한 세상을 어떻게 창조하느냐에 달려 있다. 저자들은 '리빙 이노베이션'이라는 새로운 혁신 전략을 통해 '가치 창출'과 '공공 선의 기여'라는 상충하는 두 목표를 동시에 달성할 수 있는 창조적 방법을 생동감 있게 그려내고 있다. 혁신을 통해 세상을 바꾸는 것이 꿈인 사람들에게 영감을 주는 책이다.

— 라무 다모다란(Ramu Damodaran), 유엔 부국장 겸 UNAI(United Nations Academic Impact) 최고 책임자

빅뱅이라 불리는 4차 산업혁명 시대에 기업이 혁신을 하기 위해 가장 필요한 것은 상상력과 인공지능, 네트워크일 것이다. 이 책은 기업이 어떻게 해야 상상력을 키우고, 인공지능과 네트워크 등의 최신 정보통신 기술을 활용하여 상상을 현실로 만들 수 있는지를 명료하게 보여주고 있다. 기업의 미래 전략을 고민하는 모든 사람들에게 권하고 싶은 '미래경영학' 의 지침서다.

— 이상철, 前 정보통신부 장관, 前 LG U+ 부회장

앞으로 기업 혁신의 화두는 디지털 기술을 활용하여 기업을 새롭게 재탄생시키는 디지털 변환(Digital Transformation) 능력일 것이다. 이 책은 기업이 디지털 변환을 통해 '리빙 이노베이션' 이라는 새로운 혁신생태계를 구축하여 이윤 추구는 물론이고, 공동체를 위한 가치 창조를 어떻게 효과적으로 달성할 수 있는지를 잘 설명하고 있다. 특히 만물인터넷, 인공지능, 블록체인 등 4차 산업혁명의 핵심 기술에 대한 창조적 활용이 궁금하다면 꼭 읽어보기 바란다.

— 이성렬, SAP Korea 사장

이 책은 미래 혁신의 역할에 관한 깊은 성찰의 결과물로서, 글로벌 디지털 시대에는 혁신 그 자체가 혁신되어야 함을 시의적절하게 강조하고 있다. 저자들은 공공의 이익이 가장 중요하게 여겨지는 사회적 생태계를 창조할 수 있도록 완전하게 고안된 '살아있는 혁신 전략' 을 명료하고 설득력 있게 제안하고 있다. 더 나은 세상을 꿈꾸는 모든 이들에게 강력하게 추천한다.

— 크리스토퍼 달(Christopher Dahl), 前 뉴욕주립대 총장, 미국 대학교육협의회(AAC&U) 회장

살아 있는 혁신을 하라

이상철

前 정보통신부 장관, 前 LG U+ 부회장

최근 경영환경은 급격하게 변하고 있다. 오늘의 디지털 시대가 과거와 다른 점은 이전과는 비교할 수 없을 정도로 큰 변화의 속도와 폭이다. 글로벌화, 기존의 틀을 파괴하는 지정학, 기술의 발달, 환경에 대한 인식, 인구 구성의 변화, 도시화 등의 요인들을 포함하는 메가트렌드라고 불리는 어마어마한 변화의 물결은 시장을 지속적으로 불확실하게 만들고 있다. 이러한 불확실성을 더욱 복잡하게 만드는 것은 메가트렌드 자체가 갈수록 빠르게 변화한다는 점이다. 예를 들어 중국과 인도 등 새롭게 부상하는 경제권은 빠른 속도로 자국의 국내시장을 확대시켜 글로벌 무역에 대한 의존도를 빠르게 감소시켰다. 동시에 디지털 기술은 빛의 속도로 발전하고 있다. 인공지능이 탑재된 센서, 불록체인, 기계학습machine learning, 사물인터넷IoT: Internet of Things, 3D 프린팅, 클라우드에 기반한 유비쿼터스 컴퓨팅, 빅데이터 분석, 가상현실, 증강현실, 스마트 로봇 등은 조직이 기능하는 방식은 물론이고 사람들이 살아가는 방식까지도 근본적으로 바꾸고 있다.

조직이 초경쟁 사회에서 성공적으로 경쟁하기 위해서는 기민성, 유연성, 생존력, 속도 등에 기반한 역동적 역량을 빠르고 지속적으로 개발해나가야 한다. 그래서 혁신은 기업뿐만이 아니라 정부와 NGO에게까지도 매우 중요한 전략적 의제가 되어왔다. 이러한 때에 한국이 배출한 세계적 석학인 이상문 네브래스카대학교 석좌교수와 혁신과 융합의 국제적 전문가이며 최근 유엔에서 인상 깊은 강연을 하기도 한 임성배 세인트메리대학교 경영학과 교수가 함께 쓴《혁신 5.0 : 뉴 비즈니스의 핵심 전략, 리빙 이노베이션》은 '스마트 이노베이션'을 미래의 혁신 전략으로 제시한다. 이들이 전하는 스마트 이노베이션은 혁신의 역할을 고민하는 인류에게 기업과 공동체가 함께 번영하는 올바른 미래로 인도하는 나침반의 역할을 할 것이다.

유토피아적 관점에서 볼 때의 혁신은 성공적인 새로운 제품과 서비스, 유기적으로 잘 연결된 가치사슬, 블루오션 시장으로 이끄는 비즈니스 모델, 재무적인 성공, 긍정적인 사회적 평판, 삶의 질의 충분한 성장 같은 성취를 의미해왔다. 즉, 혁신은 조직에게 '잘함으로서 좋은 것을 이루는 것Doing good by doing well'을 추구하게 만드는 촉진제 역할을 하는 것이었다. 그러나 현실은 혁신의 긍정적인 의미가 전체적으로 받아들여지지 않고 있음을 보여준다. 실증 분석에 따르면 지금의 기술로도 현재 직업과 관련된 활동의 47%를 자동화하여 궁극적으로 사라지게 할 수 있다.

이처럼 혁신에 기반한 자동화가 대규모의 실업과 사회의 불안정성을 불러올 수 있다는 사실은 많은 사람들을 두려움에 떨게 하고 있다. 설상가상으로 혁신은 기술과 아이디어가 융합한 산물로, 기술이 주는 것과는 비교할 수 없이 큰 변화를 가져올 것이다. 이러한 혁신은 직업의 본질과 직무활동을 통째로 바꿀 수 있는 엄청난 힘과 파급력을 지니게 되어 가치사슬을 근본적으로 변화시키게 된다. 인공지능에 기반한 혁신은 과거 자동화가 가져온 영향력과는 비교가 안 될 정도로 훨씬 파괴적이고 광범위한 방향으로 인류의 생활방식에 영향을 줄 것이다. 이것은 디스토피아적(반이상향)인 면이다.

과거에 기존 세대가 가졌던 자동화에 대한 낙관적인 관점은 디지털 시대에는 적용되지 않을 가능성이 크다. 이미 노동집약적이고 반복적인 업무가 자동화되는 것을 경험했고, 최근에는 인공지능을 활용한 딥러닝Deep Learning 도구들이 지금까지 인간만 할 수 있다고 믿어왔던 지식 집약적이고 인지력이 필요한 업무에서도 인간보다 더 나은 성과를 보이는 것을 목도하고 있다.

혁신 자체는 여러 단계를 거쳐 진화했다. 내부의 R&D 부서에 전적으로 의존하던 패쇄적 혁신에서 가치사슬 파트너 기업들과의 협력적 혁신으로, 그리고 집단지식에 의존하는 개방형 혁신을 거쳐 융합 역량에 의존하는 공동혁신으로 차츰 진화해 나갔다. 이 책에서 저자들은 한걸음 더 미래로 나아가 '살이 있는 혁신Living Innovation'을 새로운 혁신 5.0의 패러다임으로 과감하게 제시하고 있다. 혁신 5.0은 살아서 스스로 작동하는 혁신생태계이며, 융합된 아이디어, 조직의 전술 시스템, 모든 이해당사자들과 함께 공동창조한 공동의 가치를 핵심 요인으로 한다. 살아 있는 혁신은 발달된 디지털 기술이 기업을 위한 가치를 넘어 공공의 선을 위한 가치까지 창출할 수 있도록 조직의 능력개발을 가속화시켜줌으로써 실현이 가능해진 유기적인 혁신 시스템이다.

저자들은 이 책을 통해 먼저 빠르게 변화하는 글로벌 시장 환경에 영향을 미치는 힘의 실체와 새롭고 기하급수적으로 증가하는 혁신의 미래를 알아본다. 그리고 디지털 변화가 가져오는 도전과 기회를 탐구한다. 디지털 변화의 궁극적 목적은 조직을 위한 가치 창출과 재무적 성과에 그쳐서는 안 되고, 상상력과 결합한 그 이상이 되어야 한다. '사람들은 행복하고, 기업은 번성하며, 환경은 풍요로워지는' 스마트한 미래를 창조하기 위한 새로운 전략적 접근법을 담대하게 제시한다.

우리는 지금 밝은 미래와 어두운 미래 공존하는 교착점에 서 있다. 이 지점에서 중요한 것은 혁신의 창발이 필연적으로 동반하는 도전과 기회를 어떻게 잘 극복하고 활용할 것인가다. 이를 위해서는 집단적 지혜와 결단에 기반한 공동의 의사결정 능력이 필요하다. 우리가 혁신의 기하급수적 증가가 가져오는 기회를 창조적으로 포용하고 활용한다면 미래는 더욱 더 밝아질 것이다. 이 책은 기업과 그 경계를 넘어서는 혁신을 위해 애쓰는 모든 사람들이 꼭 읽어야 할 책이다.

인류의 역사는 혁신의 역사다

인류의 역사는 혁신과 가치 창출을 위한 끊임없는 노력으로 요약할 수 있다. 수렵과 채집 경제 시대의 인간은 의식주를 해결하기 위해 밤낮으로 일해야 했다. 선택의 폭이 좁았기 때문에 대부분의 경우 찾을 수 있는 것이 무엇이든 활용해야 했다.

하지만 경험과 환경에 대한 지식이 축적됨에 따라 혁신을 통해 무기, 연장 등을 만들고 협력하며 새로운 가치를 만들기 시작했다. 이때부터 혁신은 늘 가치 창출을 우선적 과업으로 여겨왔다. 그리고 얼마 지나지 않아 인간은 1년 내내 좀더 편한 삶을 누리기 위해 곡식을 수확, 저장하고 동물을 집에서 키우는 방법을 배우게 된다. 이것이 농업 경제의 탄생이다.

　도구를 만들고 제품과 서비스를 만드는 기술과 더불어 기술적 진보가 연달아 일어났다. 산업혁명이 도래하자 기계와 인력이 결합하는 방식을 시스템화하는 조직이 생기기 시작했다. 19세기와 20세기에는 공장에서 대량생산을 하기 위한 거대한 산업화가 일어났다. 좀더 효과적이고 효율적인 제품의 생산, 운송, 소비를 위한 지속적 혁신은 기술적 발달로 이어졌다. 자동화와 정보처리 분야의 발전은 눈부셨는데 특히 정보혁명은 컴퓨터가 정보의 생산과 공유뿐만 아니라 삶의 질을 향상시키는 지식까지 창조해냄으로써 디지털 경제 시대를 열었다. 또한 글로벌화, 산업구조의 변화, 인구구성의 변화, 새로운 경제권의 대두, 환경에 대한 관심 증가 등을 포함하는 메가트렌드가 동시에 일어나고 있다.

　이제 우리는 서로 다른 기술, 아이디어와 개념이 융합하여 혁신적 가치를 만드는 것이 가능해진 융합경제의 시대에 살고 있다. 정보통신 시스템의 발달은 새로운 세상을 만들어내고 있다. 컴퓨터는 시계, 안경, 패치Patch, 옷 등의 착용 가능한 형태, 지능형 벽화면, 엄청난 양의 데이터를 생성하는 센서, 빅데이터를 활용하여 지식을 창출하기 위한 스마트 분석 시스템 등 다양한 형태로 어느 곳에서든 활용될 수 있다. 사물인터넷이나 만물인터넷IoE : Internet of Everything에 기반을 둔 인더넷 기술 덕분에 소통, 의사결정, 가치 창출을 위한 지식 네트워크를 만드는 것이 가능해졌다. 3D에 기반한 혁신은 의학영상, 새로운 과학적 발견, 가상세계에서 넘쳐나고 있다. 빅데이터 시대는 적용적이고, 전면적이며 눈에 보이지 않는 분석을 통해 추세를 발견하고 위험을 분석하고 의사결정을 지원하는 다양한 기술적 발전을 가능하게 했다. 클라우드 컴퓨팅 기술의 발전은 SaaSSoftware as a Service, PaaSPlatform as a Service, IaaSInfrastructure as a Service 등의 아이디어를 활용하여 새로운 가치를 창출할 수 있게 해줬다.

컨버저노믹스Convergenomics, 곧 융합경제는 여러 가지 가능성을 현실로 만들어내고 있다. 각종 요소, 제품, 서비스, 조직의 기능부서, 기술, 산업, 생물학, 인공지능 등의 융합은 혁신적인 신제품과 서비스를 만들어냈다. 컨버저노믹스의 가장 좋은 예로는 의료관광, 나이키, 애플, 삼성전자 같은 공동혁신조직, 나인 시그마Nine Sigma, 크라우드 펀딩Crowd Funding 같은 집단지성, 우버Uber, 에어비앤비Airbnb, 99드레시스99dresses와 같은 공유경제, 다빈치Da

Vince와 같은 수술용 로봇, 개방형 온라인 강좌MOOCs, 위내시경 검사용 필캠Pillcam, 시각장애인을 위한 디지털 지팡이 레이Ray, 뇌파로 작동하는 휠체어 등을 들 수 있다.

새로운 시장의 힘

—

요즘 기업은 모두 글로벌 기업이라고 할 수 있다. 대기업이든 중소기업이든 형태는 문제가 되지 않는다. 모든 기업이 재무적인 안정을 확보하고 자재를 구매하고 요소를 조립·생산하고 완성된 제품과 서비스를 배분하고 고객을 찾아내려는 시장의 힘에 영향을 받는다. 컨버저노믹스 시대에는 다음과 같은 것들이 혁신을 위한 조직의 노력에 영향을 주는 새로운 시장의 힘으로 작용하고 있다.

첫째, 경영혁신기법이 보편화되었다

이제는 대부분의 기업이 경영혁신기법을 보편화commoditization 했다. 과거에는 앞선 조직은 적시생산 시스템JIT : Just In Time, 총체적 품질

관리, 경영프로세스 재설계, 식스시그마, 린 방식Lean Approach, 전
사적 자원관리 시스템ERP 등의 혁신적인 시스템을 받아들여 경
쟁력을 향상시켰다. 하지만 지금은 대다수의 조직이 이와 같은
시스템을 받아들였다. 그 결과 여러 혁신 기법은 보편화되어 꼭
필요하지만 더 이상 조직에 경쟁우위를 제공해주지는 못한다.

둘째, 갈수록 제품수명주기가 짧아지고 있다

갈수록 빨라지는 기술의 발전 속도와 글로벌 시장에서의 치열
한 경쟁은 제품수명주기를 전례를 찾을 수가 없을 정도로 짧게

그림 | 혁신의 S 곡선

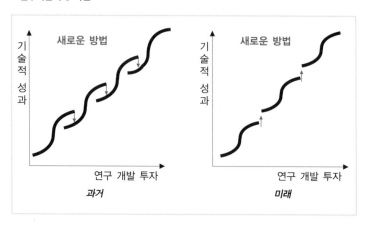

만들었다. 이동통신기술이 2세대에서 3세대, 4세대 그리고 5세대LTEA : Long Term Evolution-Advanced까지 이르면서 수많은 스마트폰 모델이 출시되었다. 이러한 현상은 전자제품, 신약, 심지어는 LED 전구로 대변되는 전구 시장에서도 일어나고 있다. 이러한 상황은 기업이 끊임없이 혁신의 S 곡선을 재탄생시켜야 함을 의미한다.

셋째, 저비용 지역으로 사업이 쏠리고 있다

토머스 프리드먼은 세상이 납작하다고 주장했다. 물론 그가 말한 것 이상으로 세상은 많이 평평해졌지만 완전히 평평해진 것은 아니다. 지속적으로 공급 사슬을 평가하고 같은 가치를 좀더 저렴한 가격에 만들어낼 수 있는 근원을 찾는 일이 중요해졌다.

중국 노동자의 임금 증가율이 매년 15~20%를 기록하자 중국으로 향하던 아웃소싱의 물결이 주춤해졌다. 많은 기업이 중국 대신에 베트남을 선택하기 시작했고 미국의 경우 일부 기업은 중국에서 운영하던 부문을 다시 미국으로 가져오는 것을 의미하는 리쇼어링Reshoring을 하기도 한다.

넷째, 새로운 글로벌 기업이 탄생하고 있다

과거에 세계적 수준의 기업에서 아웃소싱 주문을 받던 기업이 강자로 부상하고 있다. 세계적 수준의 기업과 아웃소싱 파트너로서 상호협력을 하는 동안 아웃소싱 업체의 역량 또한 성숙해져 자연스럽게 글로벌 기업으로 성장한 것이다. 한때 미국, 일본 등 선진국 기업의 아웃소싱 파트너였던 한국의 삼성, 엘지LG, 현대는 이미 시장 지배적 글로벌 기업이 되었고 중국의 하이얼, 레노보, 알리바바, 인도의 타타, 인포시스, 대만의 HTC와 팍스콘 등과 같은 기업도 비슷한 길을 걸으며 도약하고 있다.

다섯째, 경험 중심의 가치혁신이 중요해졌다

과거에는 경쟁우위를 얻기 위해 제품 중심의 혁신을 강조했다. 그러나 이러한 혁신은 더 이상 충분하지 않다. 요즘에는 많은 기업이 제품의 생태계를 만들어내기 위한 서비스나 경험 중심의 혁신에 몰두하고 있다. 애플이 만든 아이폰의 경쟁력은 다른 경쟁사의 스마트폰보다 더 나은 제품에 있지 않고 서비스와 앱스토어 및 충분한 액세서리를 제공하는 혁신적 생태계에 있다.

여섯째, 고객이 추구하는 가치가 달라졌다

전통적으로 고객이 추구해온 가치는 제품의 실용적 특성에 관한 것이었다. 사용적합성, 신뢰성, 가격, 품질 등이 그 예다. 그리고 치열한 글로벌 경쟁은 기업이 좀더 발달된 가치인 속도나 고객화를 추구하게 했다. 하지만 요즘 고객은 이러한 전통적 가치 이상의 것을 원한다. 그들은 경험하고 배우고 공동창조에 참여하며, 안전, 미, 흥분감 등과 같이 새로운 차원의 느낌을 원한다.

일곱째, 그라운스웰 효과를 주의하라

사람들은 정보, 제품, 서비스 등 그들이 원하는 것을 얻기 위해 정부나 기업에 의존해왔다. 그러나 요즘에는 원하고 필요한 것을 다른 사람의 의견에 의존한다. 소셜 네트워크SNS는 거의 모든 분야에 관해 사용자가 생산한 내용, 평가, 경험을 제공한다. 그러므로 소셜 네트워크와 연동된 공유경제는 고객이 추구하는 가치의 중요한 근원이 되었다.

여덟째, 새로운 경제 모델의 탄생이다

기존 경제 모델은 여러 생산자가 여러 고객의 욕구를 충족시키기 위해 노력하는 구조였다. 전성기였던 1988년에 코닥은 14만 5,000명의 종업원을 거느리고 전 세계 수백만 명의 사진과 관련된 욕구를 충족해줬다. 2012년 코닥은 파산을 선언했다. 같은 해에 인스타그램은 단지 13명의 종업원으로 1,000만 명의 고객에게 서비스를 제공하고 있었다. 새로운 경제모형은 어떻게 하면 최소의 인원으로 최대의 고객에 뛰어난 가치를 제공할 것인가에 초점을 두고 있다. 그리고 이 전략의 핵심에는 컨버저노믹스가 자리하고 있다.

혁신과 기업가정신의 담대한 미래

—

최근의 발달된 정보통신기술과 인터넷 기술은 개인, 조직, 정부, 국가를 위한 가치를 새로운 방식으로 창조할 수 있는 역동적 역량을 제공하고 있다. 그 예로 사람, 장소, 사물, 조직에 관한 상황과 환경에 따른 정보를 제공할 수 있는 상황고려 시스템을 들 수 있다. 또한 하드웨어나 사용가능한 네트워크에 제한을 받지 않는 온디맨드On-Demand 기반의 소프트웨어로 정의된 앱도 있다. 로봇,

혹은 인공지능 기반의 딥러닝Deep Learning, 딥마인드Deep Mind 기능이 탑재된 스마트한 학습기계는 새롭고 부가적인 가치를 창출해 낸다.

오늘날 혁신생태계는 혁신의 심장부로 유기적인 특성을 지니고 있다. 이것은 곧 살아 있는 혁신의 시대가 도래한 것으로 볼 수 있다. 살아 있는 혁신은 시장에서 필요한 것을 감지해 그 수요에 따라 새로운 가치를 창출해내는 데 매우 효과적이다. 그러나 살아 있는 혁신은 '선행을 통한 성공'이라는 보다 높은 목표를 지향함으로써 사람들이 행복하고 조직이 성장하며 환경이 발전하는 스마트한 미래를 건설해야 한다.

혁신
5.0

뉴 비즈니스의 핵심 전략, 리빙 이노베이션 　차례

LIVING INNOVATION

메가트렌드,
곧 다가올
변화의 물결

제1장

LIVING INNOVATION

1

距

거부할 수 없는
흐름

가족과 함께 프랑스 파리를 여행하던 2011년 10월, 오페라하우
스를 방문하고 나오다가 맞은편의 건물을 보게 되었는데 어느
상점 앞에 꽃다발이 수북이 쌓여 있었다.

　나는 호기심에 길을 건너 건물 앞으로 다가섰다. 그 건물은
애플의 매장이었다. 여행 중이던 나는 그제야 애플의 최고경영
자였던 스티브 잡스가 사망했다는 것을 알게 되었다. 애플의 고
객들이 스티브 잡스의 사망을 애도하는 마음으로 매장 앞에 꽃
다발을 놓고 간 것이다. 위대한 기업가가 참 많았지만 스티브 잡
스처럼 많은 사람들의 사랑을 받으며 세상을 등진 사람은 다시
나오기 힘들 것이다.

스티브 잡스가 사망했을 때 가장 많이 회자된 것 중 하나는 인류의 역사를 바꾼 사과에 관한 이야기일 것이다. 재미있는 사실은 발표 주체에 따라 사과의 개수가 변한다는 것이다. 어떤 이는 4개의 사과가, 어떤 이는 5개의 사과가 인류의 역사를 바꿨다고 말한다.

나는 특별한 나만의 이유로 3개의 사과가 인류 역사의 흐름을 바꿨다고 생각한다. 첫번째 사과는 아담과 이브가 먹은 선악과다. 두 번째는 아이작 뉴턴에게 만유인력을 알게 한 사과다. 그리고 세 번째가 바로 스티브 잡스의 사과다. 이 3가지를 꼽은 이유는 인류에게 '확 깨는 경험Awakening experience'을 주었다는 공통점 때문이다.

선악과를 먹고 나서 아담과 이브는 자신이 나체라는 사실을 깨닫고 나뭇잎으로 급히 몸을 가렸다. 떨어지는 사과는 뉴턴에게 만유인력의 법칙을 깨닫게 했다. 스티브 잡스가 아이팟과 아이폰, 아이패드를 내놓았을 때 우리는 어떤 경험을 했던가? 아마도 대부분 사람들이 "경험을 해보니 어려운 기술이 필요한 것도 아닌데 왜 이러한 제품을 상상조차 하지 못했을까?" 또는 "단지 여러 기술을 합친 것일 뿐인데 왜 나는 고객으로서 삼성이나 엘지 등에 이런 제품을 원한다는 이야기를 못했을까?" 같은 깨

달음의 경험이었을 것이다.

스티브 잡스가 애플의 혁신적 제품을 통하여 이전에는 상상하지 못했던 방향으로 삶의 모습을 근본적으로 바꿔놓으며 새로운 가치를 만들어냈기 때문에 애도의 행렬이 이어진 것이다. 즉 고객의 기대를 뛰어넘는 혁신적 제품을 통하여 새로운 경험을 선사한 것을 고객이 잊지 못한 것이다. 스티브 잡스로 인해 우리는 우리가 미처 깨닫지 못하고 있던 사실을 인지할 수 있었다. 한 가지 재미있는 사실은 비트코인 같은 암호화폐의 바탕이 되는 기술이자 많은 영역에 혁신적인 변화를 가져올 것으로 예상되는 블록체인 기술도 이전에 수십 년 동안 존재하던 여러 가지 기술이 융합된 형태라는 것이다. 해당 기술에는 머클 트리Merkle Tree(1979), 키값 데이터베이스key-value database (1994), 작업 증명 (1997), 비대칭적 암호화(1997), P2P(1999), 해시함수(2001) 등이 포함되며, 괄호 안 숫자는 해당 기술을 처음 선보인 연도다.

스티브 잡스뿐만이 아니라 이스라엘, 싱가포르, 한국 등에서 주장하는 창조 경제나 사회적 혁신social innovation 등 새로 부각되고 있는 현상 등을 통해서 볼 수 있듯이 혁신은 이제 선택이 아니라 국가와 기업을 포함하는 모든 조직의 지속가능한 생존을 위한 유일한 요건으로 여겨지고 있다. 하지만 '철학은 그 시대의 아들'이라고 주장한 철학자 헤겔의 유명한 말처럼 '혁신' 자체도 과거에 추구하던 혁신방법론을 떠나 새로운 환경에 어울리는 혁신방법론을 추구해야 할 때가 되었다. 이제는 전통적인 혁신의 개념에서 벗어나 오늘날 변화된 환경에 맞는 새로운 개념의 혁신을 추구해야 한다. 혁신이라는 단어는 모든 사람과 조직, 사회, 국가가 주력해온 개념이기 때문에 단어 자체에서 매우 구식의 느낌이 난다. 급격한 환경의 변화로 혁신의 범위와 속도, 대상은 근본적으로 바뀌었는데도 말이다. 따라서 이제는 한층 유기적이고 역동적인 의미를 내포하는 '살아 있는 혁신living innovation'의 개념을 수용, '혁신 그 자체를 혁신' 해야 한다. 살아 있는 혁신이란 우리의 상상을 넘어서는 변화의 속도와 복잡성, 깊이, 규모에 그 뿌리를 두고 있으며, 과거에는 전혀 경험해보지 못한 개념이다. 더욱이 기술의 발전에 힘입어 혁신 시스템은 그 역동적 가능성을 바탕으로 각 조직의 신경계와 같은 필수적인 역할을 한다.

예를 들어 인류가 '기록'을 하기 시작한 이후부터 2003년까지 축적한 데이터 양이 약 5엑사바이트(1Exabyte = 10억 Gigabyte)

였는데 2011년부터는 같은 양의 데이터를 2일마다 만들어내고 있고 2013년에는 10분마다 만들어내고 있다. 데이터의 규모는 2010년부터 2020년까지 무려 50배 정도 성장할 것으로 보인다. 여기에는 센서 데이터의 역할이 상당한 비중을 차지한다. 이처럼 고도의 분석 역량과 속도가 필요한 빅데이터의 기하급수적 성장은 일반 기업뿐 아니라 사회단체, 정부기관 등 모든 조직의 운영방식을 근본적으로 바꾸어놓았다. 기술 및 과학적 발견이 가속화됨에 따라 이를 뒷받침되는 새로운 지식도 빠르게 축적되고 있으며, 일부 전문가들은 오늘날 지식의 90%가 지난 5~6년 간에 만들어진 것이라 말한다. 그러므로 우리 곁에 이미 다가왔거나 곧 다가올 새로운 변화의 물결이 무엇인지를 살펴보는 것도 의미 있는 일일 것이다.

2008년 금융위기 이후 시작되어 최근에 본격적으로 일어나기 시작한 큰 변화의 물결, 즉 메가트렌드는 다음과 같이 요약할 수 있다. 이러한 변화의 기류는 어마어마하게 큰 흐름과 같아서 누구도 거역할 수가 없다. 우리가 과거 글로벌화의 초창기에는 글로벌화가 옳은 일인지 아닌지에 관한 많은 논쟁이 보수와 진보 진영을 중심으로 벌어졌지만 글로벌화가 거대한 메가트렌드가 된 이후에는 논쟁 자체가 무의미해져 이제는 어떻게 하면 글로벌화를 잘할 수 있을까를 의미하는 '더 나은 글로벌화better global-ization'에 초점을 두고 있는 것과 같은 이치다. 그러므로 다음에 거론될 변화의 본질을 신속하고 올바르게 이해하고 개인, 조직, 사회, 국가적 차원에서 시의 적절하게 대처하는 것이 매우 중요한 일이다.

2

비물질적 가치의 대두

첫째, 인류가 추구하는 가치가 물질적인 가치에서 비물질적인 가치로 변화하고 있다. 산업혁명 이전의 세계는 현대인의 삶을 기준으로 평가하면 약 99%가 빈곤 상태였다. 그리고 그 당시에는 물질적 부를 크게 향상시키는 혁신이 몇 세대에 걸쳐 더디게 일어났다. 혁신에 대한 희망을 가질 수 없는 사회였다.

그러다 보니 사람들은 변화의 희망이 없는 물질적 가치보다는 종교적, 정신적 가치에 더 치중하게 되었다. 하지만 산업혁명을 거치며 빠른 시간 내에 부를 축적하여 일상의 삶을 좀더 편하게 만들 수 있는 환경을 경험하게 되자 사람들은 물질적 가치에 치중을 하기 시작했고 이러한 흐름은 최근까지 이어져 왔다.

경제적 성장을 상징하는 국내총생산GDP : Gross Domestic Product이 중요한 시기였던 것이다. 그러나 '필요한 것을 가지는 것'이 당연해진 선진국에서는 물질적 가치보다는 감정, 경험 등 비물질적 가치를 추구하는 바람이 빠른 속도로 확산이 되고 있다. 즉 국내총생산보다는 국민총행복GNH : Gross National Happiness으로 표현하는 행복지수가 더 중요한 시대가 된 것이다. 바꿔 말하면 경제적 만족도 중요하지만 직접 느끼는 행복감이 더 중요한 세상이 된 것이다. 이러한 흐름은 창조경제의 목적이 국내총생산으로 상징되는 경제적 가치가 되어야 하는지 아니면 국민이 느낄 수 있는 어떤 새로운 가치여야 할지를 정부와 국민이 다시 한 번 진지하게 고민해야 함을 의미한다.

3

아날로그와
디지털의 소통

둘째, 스마트폰과 같은 모바일 기기의 보급으로 아날로그 세상과 디지털 세상이 본격적으로 소통하기 시작했다. 과거에는 우리의 일상인 아날로그 세상과 페이스북, 유튜브와 같은 디지털 세상은 확연히 분리가 되어 있었고 두 세계를 넘나드는 일은 컴퓨터에 익숙한 일부만이 누리던 특권이었다.

하지만 스마트폰의 보급으로 이제는 누구나 이 두 세상을 자유롭게 넘나들 수 있다. 최근 50대 이상의 보수층을 중심으로 유튜브의 활용이 급격하게 일어나는 것도 한 예다. 스마트폰이 아날로그와 디지털 세상을 연결하는 통로가 된 것이다. 머지않아 스마트폰을 활용하여 오늘 먹은 점심의 음식 사진은 물론이고 맛과 촉감과 냄새까지 디지털 세상에서 공유할 수 있는 날이 올 것이다. 어느 날 갑자기 3D 프린터가 우리 곁에 가까이 다가온 것처럼 말이다. 스티브 잡스는 이러한 흐름을 어느 누구보다 빠르게 인식했기에 물질적인 휴대전화와 비물질적인 앱스토어App Store의 융합을 통해 막대한 부를 창출했다. 온라인에서 고객의 수요를 모아 오프라인의 사업자에게 연결해주는 새로운 사업모델을 상징하는 O2OOnline to Offline의 등장과 비약적 성장도 같은 맥락에서 이해할 수 있다.

최근 전 세계에서 기득권을 가진 기존 택시사업자의 반발과 합법성 여부로 주목을 받고 있는 우버나 온라인에서 간단한 집수리, 이사, 청소 등의 서비스를 원하는 고객과 해당 서비스 제공자를 연결시켜줌으로서 서비스 제공자에게는 더 많은 고객을, 고객에게는 저렴한 가격의 서비스를 제공하는 태스크래빗TaskRabbit 등이 좋은 예다.

실례로 집에 형광등이 고장 나서 태스크래빗에 신청을 하니 곧바로 기술자를 연결해주었는데 오프라인상의 기술자가 130달러를 요구했던 작업을 태스크래빗을 통해 연결된 기술자는 단지 35달러에 완벽하고 친절하게 마무리해줬다.

그림 1-1 | 태스크래빗의 웹사이트

* 출처 : www.taskrabbit.com

    기술자와 대화를 나눠보니 낮에는 USAA라는 대형 보험회사에 다닌다고 한다. 저녁이나 주말의 여유 시간에 자신이 가진 기술을 활용하여 태스크래빗을 통하여 연결된 고객에게 서비스를 제공하고 추가 수입을 얻는다고 했다.

    디지털과 아날로그가 융합하는 곳에서 창발하고 있는 모바일 관련 사업은 정보통신기술ICT : Information and Communication Technology 인프라가 잘 발달되어 있고, 정보통신기술 도입 의지와 활용 역량이 누구보다도 앞선 국민을 보유한 대한민국에는 새로운 기회의 땅이 될 수 있다.

4

무형재의
번성

셋째, 가치 창출의 근원으로써 무형재의 번성이다. 소프트웨어와 MP3 파일 등의 디지털 제품으로 대변되는 무형재 시장의 급성장은 추가적인 제품 생산에 소요되는 한계비용을 0원에 가깝게 만듦으로서 전통적 제조업의 생산과정에서 창출되던 일자리를 아주 제한적으로 만들었다. 이 같은 상황은 '고용이나 일자리 창출 없는 성장', '양극화' 같은 새로운 사회 경제적 문제를 초래했다. R&D 부서는 생산 능력까지 겸비한 '다수의 인재' 보다는 창의력을 지닌 '소수의 인재'만 원하는 경우가 많다. 이러한 문제를 해결하기 위해 상당수 조직은 협동경제, 창조경제, 공유경제, 자본 없는 자본주의 등의 개념에 주력하고 있다.

5

혁신적 경영관행의
범용화

넷째, 혁신적 경영관행의 범용화다. 과거에는 선진국과 개발도
상국 간에 경제성장 전략은 패러다임부터 근본적으로 달랐다.
1970년대의 한국이나 현재 중국에서 볼 수 있듯이 개발도상국
에서는 강력한 정부 주도 하에 전통적인 생산 투입 요소인 토
지, 노동, 자본의 적극적인 투입을 통해 국내총생산의 성장을
견인하는 것이 모범 답안이었고 선진국에서는 유한하고 값비싼
노동력이나 토지보다는 혁신을 통하여 노동생산성을 높이고 고
부가가치 제품과 서비스를 생산하여 경제발전을 이끄는 것이
기본 전략이었다.

과거에 선진국의 일류기업이 값비싼 전사적 자원관리ERP:

Enterprise Resource Planning 시스템이나 의사결정지원 시스템DSS : Decision Support Systems 등을 도입하여 생산성을 혁명적으로 높이고 혁신적인 제품과 서비스를 개발했던 것이 좋은 예다. 하지만 값싸고 성능 좋은 IT의 범용화는 선진국의 기업이 누리던 뛰어난 경영 관행에 기반한 '혁신'이라는 경쟁우위를 무색하게 하고 있다.

과거 수십억 원의 비용이 들었던 전사적 자원관리 시스템은 클라우드 서비스를 활용하면 거의 무료로도 사용할 수 있다. 컴피어Compiere의 전사적 자원관리, 세일즈포스닷컴Sales Force.com의 마케팅 정보 시스템 등이 좋은 예다. 즉 자본력이 약한 개발도상국의 기업도 선진기업 못지않은 혁신적인 경영 관행을 도입할 수 있게 된 것이다.

3D 프린터의 범용은 이런 추세를 더욱 가속화할 것이다. 이런 상황은 기업에게 기존의 강한 자본력과 뛰어난 경영관행이라는 기반을 넘어서는 근본적으로 다른 새로운 혁신 패러다임의 개발 필요성을 절감하게 하고 있다. 그리고 그에 대한 해법으로 대두되고 있는 것이 이 책의 주제인 살아 있는 혁신이다

6

넓어지는
혁신의 폭

다섯째, 혁신의 폭이 넓어지고 있다. 기존에는 발명과 상업화의 과정을 거쳐 제품과 서비스의 혁신을 이루는 것이 혁신의 전부로 인식이 되었다. 하지만 이제는 정보통신기술이 융합의 주도적 역할을 하게 됨에 따라 혁신의 폭이 제품과 서비스를 넘어 고객기반 혁신, 가치사슬의 혁신, 비즈니스 모델 혁신, 고객이 원하는 가치 혁신 등 폭넓게 진화하고 있다. 이러한 추세에는 제품 요소 간의 융합, 기능부서 간 융합, 조직 간 융합, 산업 간 융합, 기술 간 융합, 생물학과 인공 시스템의 융합 등 다양한 형태의 융합을 가능하게 해준 정보통신기술의 역할이 지대했다. 창조경제를 지금까지의 흐름처럼 '정보통신기술과 다른 산업을 결합하여 새로운 가치를 지닌 산업을 창출하는 것'으로 협소하게 정의하는 것은 국가 차원에서 혁신을 통하여 거두어들일 수 있는 열매를 스스로 제한하는 것이다.

같은 맥락에서 소흐니 울컷Sawhney Wolcott 등은 제품과 서비스의 혁신에만 집중한 그동안의 혁신전략이 가진 한계점을 지적하며 기업이 추구할 수 있는 혁신전략을 12가지로 분류했다.

① **제공**Offering : 새로운 제품이나 서비스를 제공하는 것으로 P&G의 전동칫솔이 그 예다.

② **플랫폼**Platform : 레고와 같은 모듈 중심의 접근으로 새로운 제품을 지속적으로 만들어내는 아이디어다. 같은 엔진을 활용하여 다양한 모델을 생산한 닛산자동차가 좋은 예다.

③ **솔루션**Solution : 고객화되고 통합된 제품, 서비스, 정보의 결합을 통해 고객의 문제를 해결하고자 하는 아이디어다. 융합적 사고방식을 기반으로 하고 있으며 휴대 컴퓨터와 글로벌 위치 시스템GPS : Global Positioning Systems을 통한 위치추적 기능을 결합한 제품으로 농부에게 편의를 제공한 디리Deere 가 그 예다.

④ **고객**Customer : 새로운 고객 기반이나 충족이 안 된 욕구를 발견하는 혁신이다. 의무계약을 없애고 단순한 기기구조에 오락 기능을 강화하고 멋진 디자인을 적용하는 등 30대 이하 고객의 취향에 초점을 둔 서비스로 진입장벽이 높기로 유명한 통신서비스 시장 진입에 성공한 미국의 버진 모바일Virgin Mobile이 예다.

⑤ **고객 경험** : 고객과 마주치는 모든 순간을 새롭게 재디자인하여 고객에게 더 나은 경험을 선사하려는 혁신전략이다.

⑥ **수익 원천 개발**Value Capture : 좀더 다양한 수익원을 개발하려는 혁신전략으로 탐색과 광고를 연결하여 혁신적인 수익원을 창출한 구글이 좋은 예다.

⑦ **과정**Process : 높은 효율성, 높은 품질, 빠른 제조 사이클을 위해 기업의 운영과정을 재구성하는 전략이다.

⑧ **조직**Organization : 조직의 구조, 업무영역 등을 재구성하는 전략이다. 조직의 구조를 제품 중심에서 고객집단 중심으로 재편성한 IBM이 좋은 예다.

⑨ **공급사슬** Supply Chain : 구매, 공급과 관련된 활동을 창조적으로 재구성하는 전략이다. 대부분의 경쟁자가 전적으로 아웃

소싱과 규모의 경제에 의존하는 패스트패션 산업에서 소비지와 가까운 곳에서 내부생산과 아웃소싱 간의 균형을 유지하면서 소량을 생산하여 일주일마다 새로운 스타일의 제품을 선보이고 있는 자라Zara가 대표적인 예다.

⑩ **위치**Presence : 새로운 유통채널을 구축하거나 혁신적으로 소매점의 위치를 잡아서 새로운 시장이나 고객층에 접근하려는 전략이다. 시계를 생산하는 타이탄Titan이 인도에 진출할 때 폐쇄적인 시계판매점이 아닌 보석, 전자제품 판매점을 이용한 것이 예다.

⑪ **네트워크**Network : 네트워크를 통해 제품, 서비스, 고객을 연결하여 경쟁우위를 얻는 전략이다. 컴퓨터가 장착된 트럭과 위성 GPS 시스템을 활용하여 기존에 3시간이던 콘크리트의 배송가능 시간대를 20분으로 단축시킨 세멕스CEMEX가 예다.

⑫ **브랜드**Brand : 기존의 브랜드를 확장하여 새로운 시장을 개척하는 것이다. 간단하고 좋은 이미지를 지닌 이지easy라는 브랜드를 활용하여 이지젯easyJet, 이지카easyCar, 이지머니easyMoney 등 다양한 영역으로 사업을 확장했던 런던에 기반을 둔 이지그룹easyGroup이 대표적 예다.

7

빅데이터 시대의
도래

여섯째, 빅데이터 시대의 도래다. 부피Volume, 속도Velocity, 다양성 Variety이라는 3Vs로 설명할 수 있는 빅데이터는 기업과 정부를 비롯한 모든 유형의 조직에 숨겨진 가치를 발견할 수 있는 길을 열어주었다. 또한 창업가에게도 새로운 창업의 기회를 열어줄 것으로 기대되고 있다.

3Vs에서 부피는 엄청난 양의 데이터를 의미한다. 예를 들어 2007년을 기준으로 전 세계의 데이터 처리 용량은 276엑사바이트였다. 실감나게 표현하자면 영화 한 편이 들어가는 CD에 276 엑사바이트를 저장하면 여러분의 책상부터 시작해 달을 지나 5만 마일(약 8만 킬로미터)을 더 갈 수 있는 높이로 쌓을 수 있는 용

량이다.

　다양성은 다양한 데이터의 종류를, 속도는 데이터 처리 속도를 의미한다. 과거에는 관계형 데이터베이스에 표의 형태로 저장된 데이터만 분석이 가능했지만 이제는 분산처리 시스템Distributed Computing에 기초를 둔 맵리듀스MapReduce와 하둡Hadoop, NOSQLnot only SQL 등의 빅데이터 도구의 등장으로 표의 형태뿐이 아니라 그림, 동영상, 문서, 위치 정보 등과 같은 다양한 자료를 매우 신속하게 분석할 수 있게 되었다. 이러한 빅데이터의 등장이 중요한 것은 우리 인류에게 전에 없었고 기대하기 힘들었던 새로운 가치를 수많은 분야에서 선사할 것으로 기대되기 때문이다. 그래서 어떤 학자들은 3Vs가 아닌 가치Value를 기존에 것에 더하여 4Vs로 빅데이터의 특징을 설명하기도 한다.

8

지속적 경쟁우위의
종말

마지막으로 지속적 경쟁우위 시대의 종말이다. 지속적 경쟁우위
는 〈그림 1-2〉과 같이 산업 내에서 기업이 처한 위치를 경쟁업
체, 대체재, 공급업체, 구매자, 잠재적 경쟁자와의 힘의 균형을
고려하여 분석한 후 차별화, 집중화, 비용우위 전략 등을 활용하
여 지속적으로 경쟁우위를 유지하려는 전략이다.

　하지만 전 세계의 시가총액 1조 2,000억 원 이상의 기업
4,793개를 대상으로 한 연구에서 단지 10개의 기업만이 2000년
에서 2009년 사이에 연속적으로 5% 이상의 순이익 증가를 보였
다는 결과가 상징적으로 보여주듯이 더 이상 지속적 경쟁우위를
기대하는 것은 어렵다. 그리고 지속적 경쟁우위가 사라진 원인

그림 1-2 | 마이클 포터의 5가지 경쟁 요인 모델

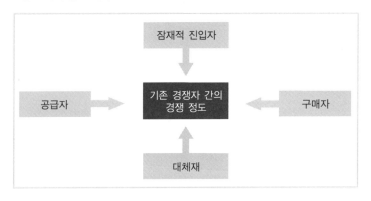

은 여러 측면에서 찾을 수 있지만 가장 중요한 원인은 갈수록 짧아지고 있는 제품수명주기다. 리트레보Retrevo의 분석에 따르면, 2010년 4월에서 2011년 3월 사이에 새로 출시된 스마트폰은 삼성이 30개, HTC가 20개, 엘지, 블랙베리, 모토로라, 노키아 등이 각각 15개 정도였다.

이러한 통계는 통신 단말기 시장이 얼마나 역동적으로 변하는지를 상징적으로 보여준다. 기술적인 면을 비교해보면 같은 기간 내에 스마트폰에 탑재된 카메라의 해상도는 5메가픽셀megapixel에서 8메가픽셀로 2배 가까이 향상되었고, 프로세서는 싱글single core에서 듀얼dual core로 향상되었다. 더 나아가 기본 인프라인 네트워크도 3.5G에서 지금의 4G로 진화했다. 1년 사이에 전혀 다른 세대의 기기로 한 단계 업그레이드된 것을 알 수가 있다. 최근에는 4G를 넘어 이미 5G라는 미래의 통신기술이 새로운 화두로 등장하기 시작했다.

이상으로 7가지 측면에서 거대한 변화의 흐름을 살펴봤다. 하지만 우리가 겪고 있는 큰 변화의 흐름을 7가지로 요약하기에는 너무나 방대하다. 예를 들어 환경적, 경제적, 사회적 지속가능성의 문제와 중국의 부상, G2 시대의 도래, 브릭스BRICS로 상징되는 새로운 경제의 도상, 기업의 사회적 책임CSR : Corporate Social Responsibility을 넘어서는 공유가치 창출CSV : Creating Shared Value의 대두, 블록체인 기술에 기반한 분산자율조직Decentralized Autonomous Organization 등 중요하지만 이 장에서 다루지 못한 변화의 흐름도 간과해서는 안 된다.

지금까지 우리가 목격하고 있는 변화의 물결을 메가트렌드라는 제목으로 살펴보았다. 그렇다면 이러한 거대한 변화의 물결에 조직이 대응할 수 있는 방법은 무엇일까? 사실 기업이 환경의 변화에 적응하기 위하여 새로운 전략을 개발하고 관련된 전술과 관행을 실천하는 것은 새로운 일이 아니었다. 각기 다른 환경에 따라 기업이 추구하는 전략의 주안점도 다음과 같은 진화를 거듭해왔다.

① **효율성의 시대**How to do things right : 세계대전 후 억눌렸던 소비욕구가 촉발하고 베이비붐으로 인한 소비자의 숫자가 비약적으로 증가했던 시대에 기업이 택한 주요 전략은 효율성의 향상이었다. 시장에 충분한 수요가 존재했기 때문에 기업은 어떻게 하면 제한된 자원을 활용하여 최대한 많은 제품을 생산할까에 초점을 두었다. 즉 비용과 실수를 줄이는 것이 중요한 일이었다. 적시생산, 품질관리법QC : Quality Control, 식스시그마 등이 그 예다.

② **효과성의 시대**How to do right things : 경쟁 환경이 갈수록 치열해져서 고객 중심의 시장이 되자 가격, 품질과 같은 효율성에 기반한 기존 가치가 더 이상 주문을 결정짓는 '주문 달성자Order Winner'의 역할을 하지 못하고 구매의 고려대상이 되기 위한 최소한의 요건을 의미하는 '주문 조건 충족자Order Qualifier'로 강등되었다. 그러자 기업은 어떻게 하면 고

객의 욕구를 알아내고 만족시킬 것인가에 초점을 두게 된다. 즉 고객이 원하는 일(올바른 일)을 알아내어 즉시 행하는 효과성effectiveness이 더 중요해진 것이다. 고객과의 올바른 관계유지를 위한 고객관계관리CRM : Customer Relationship Management 시스템, 고객을 위한 올바른 의사 결정을 위한 의사결정지원 시스템 등이 그 예다.

③ **창의성의 시대**how to do new things : 정보통신기술은 비약적인 발전과 더불어 범용화되어 자본력을 가진 거대한 기업의 전유물이었던 정보통신기술 기반의 최고경영관행Best Practices을 작은 기업에서도 충분히 흉내 낼 수 있는 길을 열어주었다. 예를 들어 작은 기업도 세일즈포스닷컴의 클라우드 서비스를 통해 매우 저렴한 가격으로 고객관계관리 시스템을 활용하여 대기업 못지않은 고객관리를 하며 경쟁할 수 있는 시대가 된 것이다. 이더리움Ethereum 블록체인 상에서는 누구나 창조적인 디앱Dapps: Decentralized Applications을 만들어 새로운 사업을 시작할 수 있다. 이러한 환경은 높은 효율성과 효과성에 의지하며 기존에 하던 사업만 계속해서는 더 이상 경쟁우위를 지속적으로 유지할 수 없는 환경을

만들어냈다.

사진과 필름으로 대변되는 광학산업에서 안주하다 실패한 코닥이 매우 좋은 예다. 즉 어떻게 하든지 지속적으로 새로운 아이디어를 만들고 실천하는 창의성이 중요한 시대가 된 것이다. 지속적으로 새로운 제품을 시장에 소개하는 것뿐만이 아니라 소개된 새로운 제품마다 기존 제품의 성능을 훌쩍 뛰어넘는 비약적인 성능 향상을 보여줘야만 생존할 수 있는 시대인 것이다.

이렇게 기업전략이 변하자 그 어느 때보다 중요성이 부각된 것이 바로 '혁신'이다. 지속적으로 새로운 아이디어와 그에 기반한 제품과 서비스를 만들어낼 수 있는 플랫폼이나 생태계를 지닌 기업만이 생존할 수 있는 시대가 된 것이다. 컴퓨터 제조업에서 휴대전화 제조업으로 변신한 애플, 광학산업에서 미용산업으로 뛰어든 후지, SNS 업체에서 온라인 최고의 디자인을 지닌 제품을 파는 온라인 스토어로 화려하게 변신한 팹닷컴Fab.com 등이 이를 웅변하고 있다.

이러한 성공을 위해서는 개인이나 기업이 올바른 혁신 전략을 세워야 하는데 이를 위해서는 혁신에 대한 올바른 이해를 가지는 것이 매우 중요하다. 그러므로 다음 장에서는 혁신의 올바른 정의와 다양한 유형에 대하여 살펴보기로 한다.

혁신,
새로운
가치 창조

제2장

1

혁신의
정의

'혁신'이라는 단어는 매우 많은 의미를 내포하고 있다. 때로는 새로운 발명을 위해 하얀 가운을 입은 연구자가 시험관에 약품을 넣는 모습을, 때로는 획기적인 제품을 개발하여 특허를 내는 것을 연상시킨다. 어떤 경우에는 단지 기존의 복잡했던 업무과정을 간단하게 처리하는 방법을 개발한 것 역시 혁신이라고 부른다.

혁신이라는 단어는 15세기에 처음 등장했으며 '어떤 새로운 것을 소개', '새로운 아이디어, 방법, 도구를 등장시키는 행위' 등으로 사전에 정의되어 있다. 동양적인 의미도 크게 다르지 않아 고칠 혁革과 새 신新이라는 글자의 합성어로 기존의 것을 새롭게 고치는 것을 의미한다. 하지만 이러한 정의는 너무 일반적이기 때문에 개인이나 기업이 실생활이나 경영에 적용하기가 힘들다. 그래서 이 책에서는 '혁신'을 다음과 같이 정의하고자 한다.

— 새로운 아이디어나 접근방식을 이전과는 근본적으로 다른 방법으로 적용하여 해당 기업과 이해당사자에게 새로운 가치를 창조하는 것

이 같은 혁신의 정의는 3가지 중요한 점을 내포하고 있다.

첫번째는 기존과 전혀 '다른 방법'이다. 앞에서 소개한 메가트렌드에 의해 모든 환경이 근본적으로 변화하는 시기에 필요한 것은 전통적 의미의 혁신이 아니라 혁신 그 자체의 혁신을 의미하는 메타 이노베이션이 될 것이다. 즉 과거와는 전혀 다른 혁신 방식을 개발해야 한다.

두 번째는 폭넓은 이해당사자의 범위다. 과거에는 기업의 이해당사자란 주주, 고객, 공급업자 정도를 의미했다. 하지만 마이클 포터가 주창한 공유가치 창출이라는 아이디어가 기업의 사회적 책임을 넘어서는 아이디어로 대두된 예가 시사하는 바와

같이 이제는 기존의 이해당사자를 넘어 인류, 정부, 지역사회, 경쟁자, 잠재적 고객까지 모두 포괄하는 개념으로 이해당사자의 개념을 폭넓게 정의해야 한다.

세 번째는 '새로운 가치'인데 이는 새로운 가치 창출 방식의 적용결과다. 과거 제품 중심 접근에서 유행했던 제품 중심의 논리GDL : Goods Dominant Logic 하에서는 제품의 가치는 제품을 생산하는 기업에 의해 결정된다고 생각했다. 하지만 지금의 서비스 중심의 논리SDL : Service Dominant Logic 하에서는 제품의 가치는 제조기업이 아닌 소비하는 고객의 경험에 의해서 결정이 된다고 본다. 이런 견해는 혁신의 가치 또한 기업이 아닌 고객에 의해 결정됨을 의미한다. 그러므로 고객과 함께하는 혁신을 통하여 고객에게 새로운 경험을 전하는 것이 중요해졌다.

경험의 중요성을 보여주는 좋은 예로는 닌텐도와 스와치Swatch를 들 수 있다. 닌텐도는 닌텐도 위Wii를 통하여 게임이 주는 경험의 본질을 '수동적인 가상세계로의 몰입'에서 '실생활에서의 능동적인 신체운동'으로 변화시켰다. 스위스의 시계 브랜드인 스와치 또한 시계가 주는 경험의 본질을 시간을 알려주는 것에서 저렴한 가격의 패션 액세서리로 변화시켰다. 이런 내용을 종

그림 2-1 | 닌텐도 위 핏

* 출처 www.nintendo.com

합해보면 과거와는 전혀 다른 방식의 혁신을 통하여 폭넓은 이
해당사자에게 새로운 가치를 전달하는 것이 혁신의 본질이라고
할 수 있다.

혁신을 명확하게 이해하지 못하는 이유는 발명과 혁신을 혼
동하기 때문이기도 하다. 그렇다면 발명과 혁신의 차이는 무엇
일까? 다음의 2가지 예를 생각하면 쉽게 이해할 수 있을 것이다.

1982년 3월에 윌리엄 홈스William Holmes라는 미국의 발명가는
신선한 공기 흡입기Fresh-Air Breathing Device and Method라는 발명품을 특

그림 2-2 | 공기 흡입기 특허서류

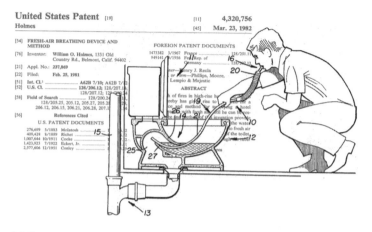

허 출원했다. 아이디어는 매우 간단하지만 기발했다. 고층 호텔
에 화재가 일어났을 때 대부분의 사망자가 가스질식으로 생긴다
는 것과 화장실의 좌변기 물이 하수구로 내려가는 파이프 속에
는 평상시 물이 안 내려갈 때 공기로 차 있다는 것에 착안을 하
여 좌변기 속의 물을 통과하여 그 속의 공기를 흡입할 수 있는
긴 공기흡입 튜브를 만든 것이다.

  1921년에 텍사스 남부의 샌안토니오San Antonio 시의 중심을 가
로질러 흐르는 샌안토니오 강San Antonio River에서 홍수가 나서 50

그림 2-3 | 샌안토니오의 리버워크

* 출처 : 필자가 직접 찍은 사진

명의 목숨을 앗아갔다. 많은 도시설계자가 서로 다른 해법을 두고 논쟁을 이어가고 있을 때 건축가 로버트 허그먼Robert Hugman이 흥미로운 아이디어를 제시했다. 그는 이탈리아의 베니스처럼 아름다운 아파트와 식당과 쇼핑장소가 강변산책로를 따라 즐비하고 곤돌라 같은 배를 타는 것이 가능한 도시형 공원을 제안했고, 도시 구성원도 그의 아이디어를 지지했다. 오늘날 미국의 베니스라 불리는 리버워크River Walk가 탄생한 것이다. 현재 리버워크는 매년 약 9,000억 원의 수익을 창출하고 있다.

앞의 2가지 예 중의 하나는 발명, 하나는 혁신의 좋은 예다. 어느 것이 혁신이고 어느 것이 발명일까? 결론부터 내자면 '신선한 공기 흡입기'는 단지 발명일 뿐이고 샌안토니오의 리버워크는 혁신의 좋은 예다. 그럼 무엇이 혁신과 발명의 경계를 만들어놓았을까? 그것은 바로 가치의 '수용'이라고 할 수 있다. '신선한 공기 흡입기'는 생명을 구하고자 하는 소중한 가치를 위해 만들어진 창의적인 아이디어지만 그 가치를 사람들이 받아들이는 것을 의미하는 '수용'이 일어나지 않았다. 반면 리버워크는 늘 홍수로 범람하여 골칫덩어리였던 샌안토니오 강 주변을 베니스 못지않은 아름다운 도심관광지로 만들자는 창조적인 아이디어를 가치로 실현시켰고 그 가치를 사람들이 받아들인 것이다.

즉 혁신이라고 말하기 위해서는 새로운 아이디어뿐만이 아니라 아이디어에서 나오는 가치를 대중이 인정하고 받아들여야 한다. 그러므로 어떠한 가치를 만들었을 때 그 가치를 대중에게 전달하고 받아들일 수 있게 설득하는 과정이 혁신의 성공을 위해서는 가장 중요하다고 할 수 있다. 이러한 과정을 수행하기 위해 필요한 것이 '기업가정신entrepreneurship'이다. 즉 발명이 혁신의 씨

표 2-1 | 빠른 팔로워가 지배하는 시장

상품/서비스	선도자	추적자(최종 승자)
일회용 기저귀	척스(Chux)	팸퍼스(Pampers, P&G)
8mm 비디오 카메라	코닥(Kodak)	소니(Sony)
온라인 숙소 예약	카우치서핑(Couchsurfing)	에어비앤비(AirBnB)
유료 음악 다운로드	판도라(Pandora)	스포티파이(Spotify)
클릭 횟수에 따라 광고 수익을 내는 검색엔진	오버추어(Overture, Yahoo)	애드워즈 (AdWords, Google)
P2P 대출	프로스퍼(Prosper)	랜딩클럽(Lending Club)
전문적인 네트워크 서비스	몬스터(Monster.com)	링크드인(LinkedIn)
검색엔진	야후(Yahoo)	구글(Google)
스마트폰	시몬(Simon, IBM)	아이폰(iPhone, Apple)
소셜 네트워킹 서비스	식스디그리즈(SixDegrees)	페이스북(Facebook)
비디오 게임기	마그나복스(Magnavox)	닌텐도(Nintendo)
웹 브라우저	모자이크(Mosaic)	인터넷 익스플로러 (Internet Explorer)
MP3 플레이어	디지털 캐스트(Digital Cast)	아이팟(iPod, Apple)

를 뿌리는 것이라면, 뿌린 씨에서 싹이 나고 자라면서 가뭄과 폭풍우 등 온갖 어려움을 극복하고 열매 맺게 하는 과정은 혁신의 수확이라고 할 수 있다.

혁신적 제품이나 서비스로 시장에서 승부했던 기업의 흥망성쇠를 살펴보면 기업가정신의 중요성은 아무리 강조해도 지나치지 않다. 캠코더 시장의 소니, 스마트폰 시장의 애플, SNS 산업의 페이스북, 비디오게임 콘솔 시장의 닌텐도, 웹브라우저 산업의 마이크로소프트, 워크스테이션 분야의 선마이크로 등 성공적 기업의 공통점은 시장의 선도자가 아니라 추격자였다는 사실이다. 이러한 예는 '누가 먼저 창조적인 아이디어를 발명하고 제품화를 시켰는가'도 중요하지만 그보다 더 중요한 것은 '누구의 제품이 최종적으로 고객의 선택을 받았는가'이기 때문이다(〈표 2-1〉참조). 그러므로 혁신을 위해서는 창조적인 아이디어와 이를 뒷받침하는 기술력뿐만 아니라 제품의 가치를 고객의 욕구에 맞추고 그 가치를 고객에게 잘 전달함으로써 최종적으로 고객의 구매를 이끌어내는 기업가적인 정신과 기술도 중요하다고 할 수 있다.

2

혁신의
분류

혁신의 본질을 이해하는 데 가장 유용한 방법 중의 하나는 다양한 기준으로 혁신을 분류해보는 것이다.

점진적 혁신과 혁명적 혁신

점진적 혁신evolutionary innovation은 현재의 시스템을 지속적, 점진적으로 향상시키는 것을 의미한다. 반면 혁명적 혁신revolutionary innovation은 혁신의 폭을 넓힘으로서 존재하지 않는 새로운 방법을 창안해나가는 것을 의미한다.

이 두 개념은 일본과 미국의 혁신 관행을 비교하면 쉽게 이해할 수 있다. 일본은 주로 점진적 혁신을 선호했다. 한 시대를 풍미했던 총체적 품질관리TQM : Total Quality Management, 적시생산, 무결점 운동Zero Defect Movement 등이 일본이 성공적으로 주도했던 혁신 관행이다. 미국은 일본과 달리 위험을 감수하고서라도 큰 변화를 추구하는 것을 선호했다. 기업의 업무 흐름과 관행을 통째로 바꾸는 것을 의미하는 업무 재설계BPR : Business Process Reengineering가 좋은 예다.

환자로 예를 들자면 일본이 알약을 주는 처방이라면 미국은 대수술을 하는 것이다. 세상이 천천히 변할 때는 점진적 혁신을 통하여 품질을 향상시키는 일본의 전략이 잘 들어맞았다. 과거 소니나 토요타의 성공이 이를 잘 설명해준다. 하지만 변화의 폭과 속도가 상상할 수 없을 정도로 크고 빨라짐에 따라 점진적인 혁신보다는 혁명적인 혁신의 중요성이 더 대두되고 있다.

한때 초콜렛폰으로 휴대전화 시장을 주도했던 엘지가 실적 부진으로 한국에 있는 공장을 폐쇄하게 되고, 불과 몇 년 만에 전 세계 휴대전화 시장을 석권하던 노키아와 블랙베리가 사라질 운명에 처할 줄 누가 알았겠는가? 경쟁 환경에 맞게 점진적 혁신과 혁명적 혁신 간의 균형을 잘 맞춰 제품성능을 지속적으로 향상시키는 동시에 전혀 새로운 혁명적 제품도 꾸준히 내놓는 역량이 중요한 시대다.

요소 혁신과 구조적 혁신
—

요소 혁신component innovation은 제품이나 서비스의 일부분만을 향상시키는 혁신을 의미한다. 자동차로 예를 들면 자동차에 후방카메라를 다는 것이다. 전체의 일부만을 변화시키기 때문에 혁신의 영향이 해당 부분에만 한정이 된다.

반면에 구조적 혁신architectural innovation은 제품과 서비스의 구조 전체에 변화를 주거나 구성요소 간의 상호작용 방식에 근본적인 변화를 주는 것을 의미한다. 예를 들어 자동차에 전기로 작동하는 엔진을 다는 것은 자동차 전체 구조의 변화를 야기한다. 관련된 변화의 폭이 크듯이 혁신의 영향력도 요소 혁신에 비하여 크다. 요소 혁신은 점진적 혁신인 반면 구조적 혁신은 혁명적 혁신에 상대적으로 더 가깝다고 볼 수 있다.

지향적 혁신과 교차적 혁신

지향적 혁신directional innovation은 주로 시장 추격자에게 요구되는 혁신으로 앞으로 기업이 달성해야 할 목표가 명확할 경우 그 목표의 달성을 위해 모든 혁신 역량을 투입하는 것을 의미한다.

반면 교차적 혁신intersectional innovation은 시장선도자에게 요구되는 혁신으로 정해진 방향 없이 서로 다른 것들이 만나는 교차점에서 창조적인 혁신의 아이디어를 얻고 이를 제품이나 서비스로 승화시키는 것을 의미한다.

과거 우리나라의 전략이 제3공화국 시절에 경제개발 5개년 계획 등으로 상징되던 지향적 혁신이었다면 이제는 G20 국가의 일원으로서 교차적 혁신을 통해 창조적인 가치를 만들어냄으로써 인류의 삶을 윤택하게 하는 선도적인 역할을 할 때다. 이를 위해서는 강한 리더십에 기반한 효율성보다는 수평적 리더십에 기반한 창의성이 더 중요하다.

역량강화 혁신과 역량파괴 혁신

—

역량강화 혁신Competence Enhancing Innovation은 기존의 지식을 활용하여 시장에 있던 제품과 서비스를 점진적으로 향상시키는 것을 의미한다. 따라서 낮은 위험을 동반한다. 혁신 유형의 80% 이상을 차지하지만 이윤의 단지 30% 정도만을 기여한다. 큰 변화 없이 윈도우 시리즈를 고수했던 마이크로소프트의 웹브라우저인 인터넷 익스플로러가 좋은 예다.

반대로 역량파괴 혁신Competence Destroying Innovation은 기존의 제품이나 서비스는 물론이고 지식마저도 쓸모없게 만드는 혁신을 의미한다. 디지털 카메라와 내비게이션 기기의 시장을 급격하게 축소시킨 스마트폰의 등장이 좋은 예다.

3

혁신의
원천

혁신은 오늘날 급변하는 환경에서 인간의 욕구 충족을 위한 창조적 발상의 결과로 간주된다. 토머스 에디슨Thomas Edison이 백열전구를 발명한 것처럼 혁신적 제품은 수많은 실험을 통해 탄생하기도 하지만 쓰리엠3M이 포스트-잇을 발명한 것처럼 개발 과정의 실수나 실패 등 전혀 예상치 못한 상황에서 혁신적인 상품이 탄생하기도 한다. 이렇듯 혁신은 인간 삶의 일부로 삶의 질을 향상하는 데 엄청난 영향을 끼친다.

혁신의 영향력은 상상할 수 없을 정도로 크다. 대표적인 사례로는 세탁기를 들 수 있다. 세탁기의 발명으로 여성은 가사 노동에서 해방되었고, 이는 곧 사회의 다양한 혁신적 변화로 이어졌다. RFID 태그의 개발도 마찬가지다. 이를 통해 기업 내 업무절차의 생산성이 향상되었고, 상품의 위치 정보를 실시간으로 파악할 수 있게 됨으로써 공급망 관리의 효율성이 증대되었다. 또한 최근 대두된 블록체인은 식료품 매장의 식품이 변질되었을 때 기존에 2주 정도 걸리던 원인 파악의 시간을 1분 이내로 줄여놓았다.

혁신의 원천 : 과거

—

피터 드러커Peter Drucker는 혁신의 원천과 관련된 유명한 책에서 가장 성공적인 혁신은 몇몇 천재의 영감에서 비롯되는 것이 아니라 성공의 기회를 끊임없이 탐색하는 강한 의지와 노력에서 탄생한다고 했다. 그러면서 특별히 기업가정신의 중요성을 강조했다. 드러커는 이와 함께 혁신의 원천으로서 각각 4가지의 외부적 요소와 내부적 요소를 제안했다. 이번 장에서는 각종 사례와 함께 이 부분을 자세히 살펴볼 것이다. 이들 혁신적 사례는 과거와 현재, 그리고 미래의 우리 생활에 매우 큰 영향을 끼치고 있다.

예상치 못한 성공

포드자동차Ford Motor Company가 출시한 에드셀Edsel 모델은 처음의 실패에서 비롯된, 예상치 못한 성공의 전형적인 사례다. 포드자동차는 회사의 사활을 걸고 노력한 끝에 에드셀이라는 신형 모델을 선보였다. 그러나 매출은 지지부진했고 회사는 엄청난 경제적 손실을 입었다. 하지만 포드는 고객의 수입을 중심으로 한 기존의 고객 분류체계에 문제가 있음을 깨닫고 곧장 라이프스타일 중심으로 분류체계를 바꾸었다. 이후 머스탱Mustang, 썬더버드Thunderbird 등의 신차를 잇달아 출시해 커다란 성공을 거두었다. 그 결과 포드는 자동차 산업의 한 획을 긋는 새로운 강자로 떠오를 수 있었다.

부조화

혁신의 기회는 기대와 결과, 혹은 논리적 흐름의 부조화 속에서도 생겨날 수 있다. 알콘Alcon의 혁신적인 백내장 수술법이 대표적인 사례다. 백내장 수술은 안과에서 가장 흔히 시술되는 분야 중 하나로 대부분의 수술 절차는 거의 300년 전부터 체계화되어 지금에 이르고 있다. 그러나 눈 속의 인대를 제거하는 '도구' 사용법만큼은 전혀 변하지 않았다. 알콘이 개발한 새로운 방식으로 인대를 제거하는 수술법은 성공률이 거의 100%에 다다랐지만, 기존의 체계화된 백내장 수술법과는 그 방식이 완전히 달랐기 때문에 의사들은 시행하는 것 자체를 두려워했다.

당시의 의사도 특정 효소를 사용하면 도구를 이용해 잘라내지 않고도 인대를 제거할 수 있다는 사실을 알고 있었다. 하지만 효소가 살아 있는 시간이 너무 짧았기 때문에 수술에 이용할 수가 없었다. 그래서 알콘은 효소에 보존제를 투여하는 간단한 방법으로 효소의 생존 시간을 늘렸고, 그 결과 의사는 손쉽게 인대를 제거할 수 있었다. 머지않아 알콘이 개발한 효소제품은 전 세계 시장을 휩쓸었다.

업무현장에서의 필요성

업무의 특정 절차에서 문제 해결이나 성능 개선이 시급한 경우에도 혁신이 필요하다. 미국의 통신회사 에이티앤티AT&T의 자동 전화기 개발이 대표적인 사례다. 1909년, 에이티앤티에서 근무하던 한 통계학자는 15년 후의 예상인구를 바탕으로 전화사용량을 예측해본 결과 미국의 모든 여성이 전화교환수로 일해야 할 만큼 사용량이 급격히 늘어날 것이라는 결론에 다다랐다. 전화 응답절차 개선의 필요성은 보다 명확해졌고, 2년 후 에이티앤티는 교환수가 필요 없는 자동식 전화교환기를 도입했다.

산업 및 시장의 변화

산업이 빠르게 성장하면 대부분의 회사는 경쟁사의 공격 가능성에 대비하기보다 자사의 현재 역량에 의존하는 모습을 보인다. 그래서 산업구조의 변화나 새로운 시장의 성장과 같은 트렌드 변화를 무시하기가 쉽다. 기존의 회사가 새로운 시장에 대응하고, 접근하며, 이들을 정의하는 방식은 이미 변화된 시장 환경에 부합하지 않는 경우가 대부분이다. 그러나 혁신가에게는 이러한 상황이 아주 좋은 성공의 기회가 될 수 있다. 미국 중소도시에서 잡지나 신문, 브로슈어 등을 발행하던 대부분의 인쇄소는 인터넷 중심의 새로운 시장 환경에 적절히 대응하지 못했다. 실제로 이들 중 대다수는 지난 20년 동안 시장에서 사라져버렸다.

인구통계학적 변화

외부적인 혁신 요소 가운데 가장 신뢰할 만한 지표 중 하나로 인구통계학적 변화를 들 수 있다. 이와 관련된 대표적인 사례로는 제조업에서의 급격한 노동력 감소를 내다본 일본이 로봇공학에 투자한 것을 꼽을 수 있다.

1970년대 선진국에서는 이미 출생률이 감소하기 시작했다. 또 머지않아 대부분의 청년층이 대학교육을 받게 돼 제조업 가용 노동력이 지속적으로 감소할 것이며, 1990년대에는 실질적인 노동력 부족 현상을 겪게 될 것이라는 전망이 나왔다. 하지만 이러한 인구통계학적 변화에 대비해 유일하게 일본만 로봇공학에 집중적으로 투자했고, 이후 최소 10년 동안 해당 산업에서 독보적인 위치를 차지했다.

패러다임의 변화

패러다임의 변화는 특정 상황을 변화시킬 수도 있지만, 해당 상황을 바라보는 사람들의 사고방식을 변화시킬 수도 있다. 혁신에 있어서 패러다임의 변화는 '컵에 물이 반이나 남았네' 라는 생각에서 '컵에 물이 반이나 비었어' 라는 생각으로의 변화라고 볼 수 있다. 대표적인 사례로는 미국이 부유한 나라가 되면서 건강과 관련된 혁신 산업이 발달한 것을 꼽을 수 있다. 지난 20세기 미국인의 건강 상태는 놀라울 정도로 개선되었다. 그러나 사람들은 건강에 대해 지나치게 염려하면서 그 어느 때보다 많은 신경을 쓴다. 그래서 개선된 건강 상태를 즐기기보다 어떻게 하면 오래 살 수 있을 것인가에만 골몰한다. 그 결과 1983년부터는 실내 운동기구산업이 급격히 발달했고, 건강 서적 및 건강식, 개인 트레이너, 헬스클럽 등 관련 혁신 산업이 성장하기 시작했다.

새로운 지식

역사를 바꾼 대부분의 혁신은 과학과 기술, 사회학의 새로운 지식을 기반으로 한다. 이들 혁신은 부와 명예를 창출하는 기업가정신의 상징과도 같다. 그리고 이러한 지식 기반의 혁신은 상품과 서비스의 형태로 소개되었으며, 일부 산업의 경우 혁신이 생겨나기까지 50년이라는 긴 시간이 걸리기도 했다.

드러커가 제안한 7가지 혁신 요소 중 대부분은 오늘날에도 여전히 유효하다. 30년 전 그의 선견지명이 놀라울 따름이다. 그러나 드러커조차도 정보통신기술의 급속한 발전과 인터넷 기반의 지식 상품화로 인해 새로운 아이디어가 혁신적 상품이나 서비스로 만들어지는 데 걸리는 시간은 극도로 짧아질 것이라는 사실은 정확히 내다보지 못했다.

과거에는 정보라는 것이 충분한 자본력을 가진 일부 대기업의 전유물로 여겨졌다. 그래서 정보는 대기업의 최첨단 연구개발부서나 메가 데이터베이스 같은 고가의 정보시스템 개발에만 사용되었다. 하지만 오늘날에는 중소기업 역시 아주 적은 비용으로 클라우드나 오픈 소스를 통해 최신 시스템을 배치할 수 있다. 오늘날 정보통신기술의 발달로 소위 정보의 '민주화'가 이루어짐에 따라 정보는 고르게 배분되기 시작한 것이다. P2P(개인 간) 거래를 기반으로 하는 블록체인 기술의 발달로 이러한 트렌드는 더욱 확대될 것이다.

혁신의 원천 : 현재

그렇다면 오늘날 혁신의 원천은 무엇일까? 1장에서 살펴본 것처럼 혁신의 범위가 상품과 서비스는 물론 고객 기반, 가치사슬, 비즈니스 모델, 고객가치 등으로 확대됨에 따라 혁신의 원천을 모두 정의하기란 어려운 상황이다. 하지만 이 같은 새로운 혁신

의 원천은 정보통신기술의 역동적 발전이나 무형자산의 확대, 비물질적 가치의 증가와 같은 새로운 트렌드 위에서 평가될 수 있다. 이 가운데 몇 가지 중요한 트렌드는 다음과 같다.

오랜 장벽의 제거

혁신의 중요한 원천 가운데 하나는 기존 제품이나 서비스의 장벽을 제거하는 것이다. 인코코Incoco : Innovative Cosmetic Concept라는 회사는 매니큐어 필름을 개발해 연매출액 1,000억 원을 돌파하며 승승장구한 업체다. 네일숍에서는 보통 손톱이나 발톱에 매니큐어를 바르고 30분 정도 말리는 과정을 거쳐야 한다. 이 30분이 고객 입장에서는 무척 지루하지만 꼭 거쳐야 하는 과정이기 때문에 정말 죽을 맛이었다. 인코코의 매니큐어 필름은 바로 이 '고통의 시간'을 없애버렸다. 현재 인코코는 전 세계 매니큐어 필름 시장의 85%를 차지하고 있다.

인터넷을 통한 규모의 경제 달성

인터넷을 이용하면 수많은 고객을 쉽게 연결, 규모의 경제를 달성함으로써 비용 우위를 선점할 수 있다. 이러한 혁신의 대표적인 사례가 우버다. 스마트폰에 우버 앱만 설치하면 누구나 택시 서비스를 이용할 수 있다. 택시의 위치와 이용요금을 검색해 가장 적합한 택시를 선택하면 된다. 이를 통한 수입 중 80%는 운전자가, 20%는 우버가 가져가게 된다. 가장 저렴하고 편안한 택시 서비스를 제공하겠다는 우버의 사업 모델은 기존의 택시 산업 지형을 완전히 바꿨다. 택시업계는 수십 년 간 아무런 경쟁자 없이 현 상태를 유지하던 대표적인 산업이었다.

진입 장벽을 우회하기

시장의 진입 장벽이 너무 높은 경우에는 새로운 진입 방법을 찾아보는 게 현명하다. 넷플릭스Netflix처럼 말이다. 넷플릭스는 기존 시장의 '골리앗'으로 불리던 블록버스터를 누르고 당당히 승리의 깃발을 꽂은 '다윗'으로 유명하다. 만약 넷플릭스가 처음부터 오프라인에서 블록버스터와 경쟁하려 했다면 단번에 먹히고 말았을 것이다. 그러나 넷플릭스는 블록버스터의 근거지였던 오프라인 시장을 과감히 포기하고 온라인 시장에만 집중했다.

그때만 해도 온라인 시장은 가능성이 불투명한 곳으로 여겨졌다. 당시 블록버스터는 이미 엄청난 성공을 이룬 업계의 대표적 선두기업이었기 때문에 자신감이 넘쳐 있었다. 그래서 현실에 안주한 채 미래를 위한 대비는 전혀 하지 않았다. 물론 블록버스터도 잘 알고 있었다. 영화나 텔레비전 프로그램을 스트리밍 서비스로 이용하는 온라인 시대가 곧 오리라는 것을 말이다. 결국 블록버스터는 2010년 파산했다. 너무 많은 고객을 넷플릭스에 빼앗긴 것이다. 넷플릭스는 오프라인에서는 구하기 어려운 DVD를 다수 보유하고 있다는 강점이 있었다. 또 대중영화를 주로 이용하던 고객은 1950년대 자동판매기 아이디어를 도입한 레드박스Redbox로 대거 이동했다.

경쟁사의 상품을 무용지물로 만들기

대부분의 회사는 경쟁사보다 좀더 나은 상품과 서비스를 개발에 시장점유율을 높이는 것을 목표로 한다. 그러나 때로는 창조적 발상으로 경쟁사의 상품이나 서비스를 완전히 무용지물로 만드는 것이 훨씬 효과적일 수 있다. 청소기구와 관련된 사례가 대표적이다. 과거의 청소기구 시장은 '어떻게 하면 좀더 쉽게, 힘을 들이지 않고 청소할 수 있을까?'라는 경쟁 패러다임 위에서 작동했다. 그러나 실제로는 각 상품별로 큰 차이가 없는 '레드오션'이나 마찬가지였다. 이후 룸바Roomba라는 로봇청소기가 등장하면서 시장은 변화를 맞았다. 룸바는 기존의 경쟁 패러다임을 완전히 넘어서는 '블루오션'이었다. 더 이상 직접 청소할 필요가 없기 때문이다. 이와 비슷한 전략이 사용된 곳이 바로 블록체인 산업이다. 블록체인 기술을 이용하면 P2P 분산원장 시스템을 통해 은행 같은 제3의 중개기관의 역할이 완전히 필요 없어진다.

이상의 사례에서 살펴봤듯, 산업 환경의 급속한 변화와 각종 신기술의 출현은 혁신의 원천을 끊임없이 새롭게 개발해내면서 기존의 시장 지배자의 혁신 전략은 완전히 소용없는 것으로 만들어버린다.

혁신의 원천 : 미래

정보통신기술의 급격한 발달로 혁신의 범위는 상상할 수도 없을 만큼 넓어졌다. 그렇다면 미래의 혁신 주제는 과연 무엇일까?

'혁신의 혁신' 또는 '혁신의 재발명' 정도가 될 수 있을 것이다. 이제는 기존에 갖고 있던 혁신의 패러다임을 넘어서야 한다. 단순히 가치를 창출할 수 있는 최선의 길을 탐색하는 것에서 벗어나 '가능할 것 같은probable 혁신'을 '가능한possible 혁신'으로 만들어내야 한다. 앞서 언급했듯, 혁신이라는 용어는 수 세기 전부터 사용되던 것으로 구식의 느낌이 강하기 때문에 오늘날의 디지털 시대에는 더 이상 맞지 않는다. 일제강점기에 의열단원으로 일제의 간담을 서늘하게 한 김상옥 열사가 이끈 비밀결사대의 이름이 '혁신단'이기도 했다. 따라서 우리는 '선행을 통한 성공'을 추구하는 '살아 있는 혁신'의 생태계를 새롭게 만들어내야 한다.

'살아 있는 혁신'의 개념은 혁신의 범위를 넓혀준다는 측면에서 매우 중요하다. 첫째, 혁신에 사용되는 방법론 자체가 기본적으로 이전의 것과 다르다. 살아 있는 혁신의 과정에는 전통적인 자원 조달 방식과 더불어 협력적 혁신, 개방형 혁신, 공동 혁신의 접근방식이 이용된다. 그런데 여기서 그치지 않는다. 혁신의 중추적 시스템 역할을 하는 생태계가 조성된다. 이 생태계는 다양한 역할을 통해 각종 환경 변화를 유도, 조직 내 혁신의 필요성을 촉발시키기 위해 존재한다.

둘째, 이러한 혁신생태계는 조직의 전략적 우선순위와 혁신 역량에 대한 암묵적 동의를 바탕으로 그 누구도 흉내 낼 수 없는 자체적인 필터 시스템을 갖추고 있다. 이러한 필터 시스템은 조직의 필요와 역량에 대한 내·외부적 혁신적 아이디어를 평가한다.

셋째, 살아 있는 혁신의 목표는 일반적인 혁신의 목표와 전혀 다르다. 목표 달성의 최우선순위가 경제적 이득이라면 해당 조직은 혁신으로부터 아무것도 이루어낼 수 없다. 혁신의 목표는 훨씬 더 높고, 고귀하며, 영감을 주는 것이어야 한다. 조직의 성과를 위한 것인 동시에 공공의 이익을 위한 것이어야 한다. 또한 혁신의 목표를 조직이 일방적으로 결정해서도 안 된다. 모든 이해당사자와 공동의 목표를 수립할 수 있는 협력의 과정이 필요하다.

4

혁신의
진화

지금까지 혁신의 정의를 소개하고 발명과 혁신의 차이를 알아보면서 고객의 수용이 혁신에 얼마나 중요한지를 살펴보고 다양한 기준에 따라 혁신을 분류했다. 다음으로는 혁신은 그동안 어떻게 진화했고 미래에는 어떠한 혁신이 필요한지를 살펴보고자 한다.

혁신 1.0 : 폐쇄적 혁신
—

전통적으로 조직은 경쟁우위 달성을 위한 독창적 핵심역량을 얻기 위해 많은 노력을 했다. 토지, 노동, 자본과 같은 전통적 생산

요소를 기반으로 앞선 기술, 마케팅, 재무전략, 공급사슬혁신, 인적 자본, 사회적 자본, 독창적 지식, 경영혁신 등이 경쟁을 위한 중요한 자산으로 등장했다. 이 시기의 협력은 단지 내부 종업원 사이의 협력만을 의미했고 조직은 조직 외부에는 비밀로 한 채 내부적으로 독창적 역량을 쌓으려 노력했다.

이러한 폐쇄적 접근은 독창적인 내부역량을 활용하여 시장선도자first mover의 역할을 선점하기 위한 것이었다. 이러한 환경 속에서는 당연히 내부의 연구개발R&D 부서가 혁신의 가장 중요한 원천이 되었고 R&D 부서의 목적은 한 기업만의 독립적 가치사슬을 지원하는 것이었다. 우리에게 가장 잘 알려진 폐쇄적 혁신 시스템은 벨연구소Bell Lab, NIHNot Invented Here 신드롬으로 유명한 P&G의 R&D 부서, '나사만이 할 수 있듯이As Only Nasa Can'를 주창한 나사NASA 등을 예로 들 수 있다. 〈그림 2-4〉는 전통적 가치사슬에 기초한 폐쇄 시스템을 보여주고 있다.

그림 2-4 | 폐쇄적 혁신

혁신 2.0 : 협력적 혁신

—

글로벌 경쟁 환경이 전에 없이 빠른 속도와 큰 폭으로 변화함에 따라 조직이 독립적으로 내부의 자체 역량만으로 지속적인 경쟁 우위를 유지하기 어렵게 되었다. 고객의 욕구가 갈수록 높아지고 고객이 원하는 가치의 본질이 시시각각으로 변화함은 물론이고 경쟁기업의 전략 또한 역동적으로 변화함에 따라 특정 기업이 혼자 이 모든 도전을 극복하는 것은 어려운 일이 되었다.

그러자 글로벌 초일류 기업까지도 혁신적인 가치사슬을 만들려면 외부의 협력 상대를 찾아야 한다는 현실을 깨닫고 자신의 핵심역량과 다른 기업의 핵심역량을 결합하여 시너지를 일으키는 전략을 세웠다.

이러한 전략은 발달된 정보통신기술과 개방적인 가상 글로벌 마켓의 등장으로 전 세계 어느 곳에서라도 필요한 핵심역량을 가진 잠재적 협력대상을 찾아 긴밀하게 협력할 수 있게 됨으로 현실화되었다. 이러한 조직 간의 다양하고 유기적인 협력관계는 나이키, 애플, 비지오VISIO, 마텔Mattel, 델 등의 많은 글로벌 기업이 지속 가능한 경쟁우위를 성공적으로 달성하는 데 많은 기여

그림 2-5 | 협력적 혁신

를 했다. 이러한 사례의 증가는 가치 생산Value Production의 시대를 넘어 가치 조직Value Organization의 시대가 도래하고 있음을 상징적으로 보여주고 있다.

협력적 혁신의 도래가 낳은 흥미로운 현상 중의 하나는 'Intel Inside'라는 표현으로 상징되는 B2BBusiness to Business 브랜드 마케팅이었다. B2B 브랜드 마케팅은 제품의 최종 판매자가 제품의 브랜드 대신에 어떤 공급업체의 부품이 들어가 있는지를 적극적으로 홍보함으로써 고객의 마음을 끌어내는 전략이다. 이러한 전략의 성공을 위해서는 어떠한 공급업체와 협력을 하는가가 정말로 중요하다. 〈그림 2-5〉은 이러한 협력관계에 기초한 가치 사슬을 보여준다.

혁신 3.0 : 개방형 혁신

네트워크로 연결된 글로벌 경제와 폭넓은 지식의 공유를 가능하게 해주는 발달된 정보통신은 혁신을 위한 협력의 가능성을 활짝 열어놓았다. 혁신 2.0(협력적 혁신)이 주로 기업 간의 일대일 협력에 관한 것이었다면, 혁신 3.0(개방형 혁신)은 보다 폭넓게 협력의 대상을 정의한다.

예를 들어 외부 연구기관, 대학, 과학자 집단은 물론이고 일반 개인에게 협력의 문을 열어놓는다. 그래서 헨리 체스브로Henry Chesbrough는 가치 창조를 위한 안에서 밖으로inside-out로의 협력, 밖에서 안으로outside-in의 협력을 위한 혁신전략을 개방형 혁신open innovation으로 명명했다.

개방형 혁신의 기본 아이디어는 새로운 혁신생태계를 만들어서 초일류 가치사슬을 만드는 것이었다. 이 새로운 생태계에는 상호보완적인 다양한 주체가 협력관계를 기반으로 하나로 뭉쳐 긴밀하게 가치를 창출하는 방법을 만들어내는 곳을 의미한다. 예를 들어 P&G는 기업의 내부적 연구개발R&D과 외부와의 연결을 통한 개발을 의미하는 C&DConnect and Develop를 융합한 독특한 가치

그림 2-6 | 개방형 혁신

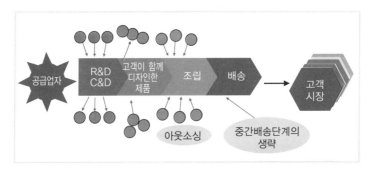

사슬을 만들었다. 많은 시장 선도기업과 비영리 기관은 물론 정부까지도 개방형 혁신의 아이디어를 적용하려 노력하고 있다.

최근에는 개방형 혁신 브로커가 등장하여 해법 수요자와 해법 제공자 사이를 연결하고 하고 있다. 가장 잘 알려진 기업으로는 나인 시그마, 이노센티브InnoCentive, Yet2.com 등이 있다. 〈그림 2-6〉은 개방형 혁신 환경 하의 일반적 가치 사슬의 모습을 보여준다.

개방형 혁신을 지원하는 많은 아이디어 중에 최근 가장 유행하는 것은 크라우드 소싱Crowd Sourcing일 것이다. 크라우드 소싱은 집단지성collective intelligence의 한 분야로 인식되기도 한다. 개방형 혁신이 협력적 혁신과 가장 다른 점은 협력적 혁신이 지식을 빌리는 것Outside in과 조직 수준의 협력만 강조한 것에 비해 개방형 혁신은 빌려주고inside out 빌리는outside in 모든 방향의 협력을 중시하고 조직뿐만이 아니라 개인도 협력의 대상이라는 점을 들 수 있다. 한때 세계 최고의 브랜드 가치를 지녔던 코닥이 붕괴한 이유는 여러 가지를 들 수 있지만 가장 중요한 이유 중의 하나는 협력의 방향을 빌리는 것Outside in으로 제한했기 때문이다. 코닥이 파산했을 때 수많은 특허가 사장되어 있었다는 사실은 양방향 협력에 기반한 혁신이 얼마나 중요한지를 보여주고 있다.

혁신 4.0 : 공동혁신

—

개방형 혁신 하에서는 점점 많은 사람들이 공식 경로보다는 사회적 기술social technology을 바탕으로 한 크라우드 소싱이나 소셜 네트워크를 활용하여 네트워크상의 다른 이용자에게 필요한 정보와 지식을 얻고 있다.

하지만 이러한 방법은 참여자의 적극적 참여 동기를 지속적으로 유발하는 데는 부족한 경우가 많다. 혁신이 성공하려면 참여자에게 네트워크 효과에 기반하여 적극적으로 몰입할 수 있는 동기를 유발할 수 있는 경험이나 원인을 제공해주는 것이 중요하다. 개방형 혁신의 결정적인 약점은 아이디어는 이상적이지만 협력의 대상이 지속적으로 참여할 수 있는 동기를 마련해주는 데는 근본적인 한계가 있다는 점이다. 구성원의 지속적이고 적극적인 몰입 없이는 좋은 결과를 기대할 수 없기 때문이다. 이러한 한계를 극복하기 위한 미래 대안으로 등장한 것이 공동혁신이다.

공동혁신은 폭넓은 내부와 외부의 이해관계자에게서 나온 다양한 아이디어나 방법이 창조적인 방법으로 적용되어 고객을 포함한 모든 이해당사자에게 새로운 가치나 경험을 주는 플랫폼을 의미한다. 그러므로 공동혁신의 핵심은 이해당사자의 몰입, 경험에 기초한 가치, 그리고 경쟁자가 모방하기 힘든 독창적인 가치의 '공동창조Co-creation' 다.

이러한 것을 이루기 위해서는 아이디어의 융합, 협력적 접근, 이해당사자와의 경험을 공동창조하는 바탕 위에 공동혁신의 플랫폼을 만들어야 한다. 〈그림 2-7〉은 공동혁신의 일반적인 프레임을 잘 보여주고 있다.

그림 2-7 | 공동혁신

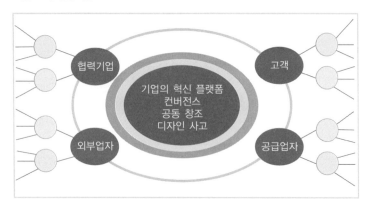

혁신 5.0 : 살아 있는 혁신

―

오늘날 세계 시장은 역동성과 치열한 경쟁이 공존한다. 이러한 환경에서 혁신은 조직이 성공하는 데 꼭 필요한 요소다. 조직의 혁신 시스템은 기민한 동시에 순응적이고, 흡수력과 역동성, 안정성을 모두 갖고 있어야 한다. 즉, 혁신 시스템은 유기적으로 살아 움직여야 한다는 뜻이다. 산업 4.0 시대를 넘어 오늘날의 디지털 시대에서 개인과 조직은 고도로 발달된 정보통신기술을 비롯해 인공지능, 스마트 센서, 스마트 로봇, 사물인터넷, 생체인터넷IoB 등의 기술을 이용할 수 있다. 이와 함께 수많은 관리적 혁신, 이를 테면 린 생산방식, 생각과 기술의 융합, 획기적 발상, 운영 자동화, 새로운 인적자원관리 시스템 등도 머지않아 실현될 것이다.

이 같은 상황에서 이제 우리는 혁신을 재정의해야 한다. '살아 있는 혁신'의 패러다임은 크게 2가지 특징으로 구분된다. 우선, 고도로 발전된 아이디어와 기술이 적용되고 수렴되는 목적은 혁신을 하나의 살아 있는 시스템으로 만들기 위해서다. 오늘날 디지털 시대의 각종 기술은 스마트 카, 스마트 홈, 스마트 공장, 스마트 인프라, 스마트 시티, 스마트 국가처럼 이미 다양한 스마트 시스템을 만들어내고 있다. 둘째, 혁신의 목표가 기존의 '가치 창출'이라는 개념보다 훨씬 미래지향적이다. 만약 가치 창출이 혁신의 궁극적 목표라면, 우리는 혁신의 범위를 너무 좁게 제한해버리는 셈이다. 혁신을 통해서도 얼마든지 공공의 이익을 이룰 수 있는데 말이다.

그러나 살아 있는 혁신의 개념에서는 훨씬 더 고귀한 목표를 추구할 수 있다. 우리 사회와 인류 전체를 위해 기여하는 것이다. 따라서 살아 있는 혁신은 사람들이 행복하고, 조직이 성장하

그림 2-8 | 살아 있는 혁신

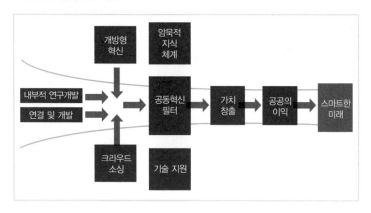

며, 환경이 발전할 수 있는 스마트한 미래를 추구한다. 살아 있
는 혁신을 바탕으로 한 사회적 기업가나 디자인 사고 중심의 프
로젝트, 자선 프로그램의 사례는 이미 무수히 많다. 구체적인 사
례는 다음 장에서 살펴보도록 하겠다. 〈그림 2-8〉는 살아 있는
혁신의 기본적인 개념을 설명하고 있다.

살아 있는
혁신의 출현

제3장

'살아 있는 혁신'의 목표는 단순히 조직이라는 하나의 개체를 넘어 공동의 목표를 추구하는 모든 이해당사자 간에 유기적인 협력을 바탕으로 새로운 가치를 창출하는 것이다. 혁신의 과정에서 특정 조직이나 개체를 위한 가치 창출은 그저 처음에 거치는 단계일 뿐이다. 살아 있는 혁신의 궁극적 목표는 '공공의 이익을 위한 발전'이다.

다시 말해, 사람들이 행복하고, 조직이 성장하며, 환경이 발전할 수 있는 스마트한 미래를 만들어내는 것이다. 이러한 목표 달성을 위해서는 공동혁신 역량, 즉 내·외부적 혁신의 원천으로부터 각종 아이디어를 융합해 가치를 창출해낼 수 있는 조직적 능력이 필수적이다. 살아 있는 혁신의 핵심은 조직의 자체적인 암묵적 역량을 바탕으로 내·외부적으로 수집된 각종 아이디어를 평가해 선별해내는 역량이다.

암묵적 역량은 효과적인 지식관리 시스템을 기반으로 하는데, 이 시스템은 자정능력을 갖춘 일종의 망으로서 유기성과 적응력과 기민함, 흡수력, 회복력을 두루 갖추고 있다. 그래서 마치 거미줄처럼 환경의 변화를 민첩하게 감지해낸다. 또 각종 기술이 지원하는 하위 시스템을 통해 아이디어를 창출하고, 공유하며 평가하는 능력을 갖추고 있다. 이를 바탕으로 아이디어를 적용해 조직의 목표와 공공의 이익을 실현하는 최선의 방법을 고안해내기도 한다.

협력적 혁신은 다음 3가지 과정에서 핵심적인 역할을 수행한다.

① 새로운 혁신적 리더십 개발

② 새로운 기술 및 혁신의 적용

③ 새로운 가치 창출 패러다임으로 변화

1

새로운 혁신적
리더십

리더십을 획득하고 발휘하는 방식의 관점에서 볼 때 리더십의
본질에는 상당한 변화가 있었다. 오늘날처럼 역동적이고 글로벌
한 비즈니스 환경에서, 또 디지털 기술이 급속도로 발전해 전 세
계로 퍼져나가는 환경에서 성공적인 결과를 이끌어내려면 혁신
을 위한 리더십의 본질은 필수적으로 바뀌어야 한다. 과거의 리
더십은 마치 폭포수처럼 위에서 아래로, 즉 조직의 리더에게서
구성원에게로 흐르는 톱다운 방식이었다. 그러나 미래의 리더십
은 다양한 개체에 의해 형성되는 일종의 전류 시스템처럼 아래
에서 위로 흐르게 될 것이다. 혁신을 위한 가장 효과적인 리더십
은 전기와 같이 일시에 모아져 흘러가는 형태여야 한다. 곧, 리

더십의 목표는 권력을 축적하는 것이 아니라 최선의 방식으로 발휘하는 것이다.

이처럼 새로운 형태의 리더십 하에서 각각의 조직은 2가지 관점을 겸비해야 한다. 새로운 '파워 모델'과 '파워 가치'다. 이들 두 관점은 살아 있는 혁신의 패러다임과 밀접한 관련이 있으며, 이러한 혁신은 협력을 통해 구성원 간의 목표와 비전을 공유함으로써 가치를 창출한다. 과거형 리더십은 소수의 경영진이 모든 정보와 의사결정권을 독점했다. 그러나 미래형 리더십의 경우 구성원 간의 공유와 협력, 공동창조, 융합, 결과의 공동소유에서 권력이 생겨난다. 과거형 리더십이 조직적 지배와 권위, 기밀성, 전문성, 종신적 권한, 충성도 등을 바탕으로 한 경영적 가치를 선호했다면, 오늘날 디지털 사회의 리더십은 격식을 탈피한 조직을 중심으로 네트워크 기반의 의사결정, 개방과 협력, 투명성, 조직 구성원이 스스로 만드는 문화, 제한적 연계를 선호한다.

2

새로운 기술과
경영 시스템의 적용

경쟁이 극심한 글로벌 시장에서 살아남으려면 각 조직은 민첩성과 속도, 유연함, 흡수력을 겸비해야 한다. 최대한 오류를 범하지 않는 것 또한 필수적이다. 따라서 고도의 기술과 새로운 경영 시스템을 겸비한 혁신은 이제 각 조직의 경쟁을 위한 필수 무기로 자리 잡았다. 산업 4.0 시대 및 급속도로 변하는 디지털 시대에는 다음과 같은 도전 과제를 해결할 수 있는 새로운 혁신의 패러다임이 요구된다.

역동적 환경

—

오늘날 시장의 모든 요소는 급격히 변하고 있다. 고객의 필요와 요구(사용자 경험, 쾌락적 가치 등)에서부터 정부의 규제(새로운 세법, 망 중립성 등), 가치사슬에서의 협력적 파트너(새로운 파트너, 크라우드 소싱 등), 신흥 시장에서의 새로운 경쟁자 출현(한국의 삼성과 엘지, 인도의 인포시스와 타타, 중국의 레노보, 타이완의 폭스콘 등), 글로벌 정치 지형의 변화(글로벌 제재, 신규 관세 도입, 브렉시트 출범 등) 등 모든 것이 변하는 모양새다.

획기적 기술 및 비즈니스 모델

—

새로운 기술의 출현은 기존의 수많은 기술과 경영 시스템, 비즈니스 모델을 무용지물로 만들어버렸다. 그 중에서도 인터넷 기술은 의사소통 시스템(이메일, 스카이프Skype, 페이스타임FaceTime, 왓츠앱WhatsApp, 인스타그램)과 함께 각종 비즈니스 모델(전자상거래, 사용자 개발 콘텐츠, DIY 상품, 사용자 리뷰, 우버, 에어비앤비 등)을 획기적으로 변화시켰을 뿐 아니라 다양한 경영 시스템의 상품화(각종 기업 시스템, 식스시그마, 린 생산방식, 전사적 품질경영 등)를 주도했다. 또한 블록체인 기술은 우버, 에어비앤비 등 공유경제 모델을 위협하는 것은 물론이고, 은행 없는 금융거래를 기술적으로 현실화시켜 금융산업을 긴장시키고 있다.

디지털 혁신의 가속화

디지털 시대에 보다 효과적인 조직 운영을 위해서는 각 조직은 민첩성과 유연성, 신속함, 회복력을 겸비해야 할 뿐 아니라 스마트 센서, 인공지능, 빅데이터 분석기술, 3D 기술, 솔로모 기술● 스마트 로봇, 사물인터넷, 융합경제 등의 신기술을 최대한 이용해야 한다. 대표적인 활용 사례로는 IBM의 왓슨Watson(의학용 진단 로봇), 구글의 딥러닝과 딥마인드(인공지능 시스템), 페이스북의 딥

● Social, Location, Mobile 기술의 합성어, 미국의 벤처투자자 존 도어가 명명한 기술 혁신의 3가지 트렌드

페이스Deep Face(얼굴 인식 프로그램), 애플의 시리Siri(음성 인식 프로그램), 소프트뱅크Softbank의 페퍼Pepper(감정 인식 프로그램), 퀄컴Qualcomm의 장착 센서(질병 예측 센서), 오픈소스 ERP 시스템, 위키피디아, 수술용 로봇 다빈치, 의료관광 등을 꼽을 수 있다.

새로운 경제 모델

—

급속한 세계화로 대표되는 디지털 시대의 도래로 이전과는 전혀 다른 유형의 새로운 경제 모델이 개발되었다. 케인즈주의 경제 개발 이론에 근거한 기존의 모델은 통화정책 및 재정정책을 통한 고객 수요와 상품 공급을 유도한다. 그러나 디지털 기술 중심의 글로벌 경제에서는 이처럼 국내 시장에 주력하는 기존의 접근방식이 더 이상 통하지 않는다.

글로벌 경제 체제 하에서는 공급망의 세계화, 가상기업 그리고 자유무역협정이 널리 확산되어 있다. 따라서 새로운 경제 모델은 다음과 같은 특징을 지닌다.

① 소수의 근로자가 극도로 많은 수의 고객을 상대한다(인스타그램이 좋은 예다).

② 물리적 자본 및 인적 자본의 소유권보다는 접근 권한이 더 중요하다(우버, 에어비앤비, 99드레시스99dresses, 클라우드 컴퓨팅, 크라우드 소싱, 가상 기업), 규모의 경제보다는 네트워크 경제가 선호된다(사실상 한계비용이 없다), 조직의 규모보다는 민첩성이 중시된다(속도와 적응력), 혁신에 대한 접근 방식에 있어 '틀 밖에서 하는 생각' 보다 '틀 자체가 없는 생각' 이 중시된다(과거의 성공에 집착하지 않는 태도), 새로운 고객 가치(경험적, 쾌락적, 정서적 가치)가 형성된다.

새로운 인적자원관리 모델

—

디지털 시대의 조직은 새로운 유형의 인재를 필요로 한다. 디지털 기술이 수많은 노동자의 업무를 대체할 것이기 때문이다. 기존의 고용 과정은 기본적으로 특정 업무 중심의 모델로 각 조직은 특정 직업군에 맞는 인재를 고용해 각종 훈련과 경험을 거쳐

이들의 생산성이 향상될 수 있도록 지원한다.

그러나 가치 창출에 유용한 오늘날의 수많은 직업은 고작 6개월만 지나도 사라져버릴 수 있다. 각종 스마트 기기나 로봇으로 대체될 수 있기 때문이다. 따라서 각 조직은 이러한 비즈니스 환경 변화에 맞춰 자신의 직업을 설계하고 변형할 수 있는 '학습 역량이 뛰어난 인재'를 채용해야 한다. 이 같은 인재는 조직이 당면한 역동적이고 복잡한 시장 변화에 효과적으로 대응할 수 있도록 도와준다. 밀레니얼 세대로 대표되는 이들 신규 인력은 단순히 돈을 벌기 위해 일을 하지 않는다. 일을 통해 찾고자 하는 욕구와 열망(경험의 기회, 배우고 성장할 수 있는 기회, 물질적 대가를 넘어선 사람들의 인정 등)이 무척 다양하게 나타난다.

3

새로운 가치 창출
패러다임

조직적 가치 창출은 생산자 중심, 소비자 중심, 생태계 중심의 3
가지 서로 다른 패러다임을 통해 진화되었다.

생산자 중심의 가치 창출

전통적으로 기업은 효율성에 주력함으로써 비용을 최소화하기
위해 노력한다. 프레더릭 테일러Frederick Taylor가 개발한 과학적
관리법은 이러한 패러다임의 토대를 이룬다. 업무재설계BPR 및
적시생산방식, 종합품질관리TQM, 식스시그마, 린 생산방식 등

일련의 관리 시스템은 기본적으로 기업의 운영 효율성 증대라는 공통적인 목표를 갖고 있다. 그러나 이들 시스템은 급진적(탐험적) 혁신을 통한 새로운 강점을 개발하기보다 기존의 운영 방식을 개선하고 약점을 보완해나가는 점진적(실용적) 혁신을 나타낸다.

오늘날에는 이들 2가지 혁신 방법을 모두 활용하는 균형적인 태도가 필요하다. 효율성에 주력하는 가치 창출의 경우 생산자 중심의 패러다임으로 기업은 스스로 고객의 필요를 가장 잘 알고 있다고 생각한다. 그래서 시장에 내놓을 상품과 서비스를 일방적으로 결정해버린다. 이러한 가치 창출 접근방식의 기본적인 목표는 조직의 경제적 성과를 극대화하는 것이다.

고객 중심의 가치 창출

―

생산자 중심의 패러다임에서는 기업이 가치사슬의 주인공이자 관리자다. 그러나 국민 소득이 일정 수준(연간 2만 달러 이상)을 넘어서면 사람들은 비물질적 가치를 추구하기 시작한다. 그래서 선진국 소비자의 경우 상품과 서비스의 경험적 측면이나 쾌락적 측면(안전성, 심미성, 안락함, 건강), 정서적 측면(언어의 친밀성, 성적 욕구, 애정) 등 실용적인 가치를 넘어서는 부분에 주력한다. 그래서 상당수 기업은 고도의 정보통신기술을 이용해 고객에게 새로운 가치를 제공하고 있다.

닌텐도의 '위'는 컴퓨터 게임에 대한 부정적 인식을 '운동'이라는 긍정적 인식으로 전환했다. 앞서 언급했듯, 오늘날에는 특정 국가의 삶의 질을 판단하는 지표로 기존의 국민총생산GNP : Gross National Product 지수를 국민총행복 지수로 대체하자는 제안까지 나오고 있다. 이러한 고객 중심 패러다임의 핵심 아이디어는 상품의 가치는 생산자가 아닌 그것을 사용하는 소비자가 결정한다는 것이다. 이에 따라 보다 효과적인 가치 생산자로 거듭나기 위해 기업은 '가치의 공동 창출'이라는 개념을 수용함으로써 고객이 제품의 디자인, 생산, 포장 등의 개발 과정에 적극적으로 참여하도록 했다.

이러한 '가치의 공동 창출' 사례로는 사용자 개발 콘텐츠DIY, 고객이 직접 디자인하는 바비 인형, 빌드어베어Build-A-Bear 워크숍 등이 대표적이다. 빌드어베어 워크숍의 경우 고객은 매장에서 자신의 곰 인형을 직접 만든다. 매장에 들어서면 고객은 '선택하기' 창구에서 인형의 몸을 선택한다. 그리고 '옷 입히기' 창구에서 인형의 옷을 선택하고, 솜으로 인형 몸을 가득 채운 다음 정해진 절차대로 따라한다. 그리고 마지막으로 '이름 정하기' 창구에서 이름을 지으면 이른바 곰 인형의 '출생증명서'를 받을 수 있다. 이러한 과정의 핵심은 고객은 단순히 곰 인형을 구입하는 것이 아닌 자신만의 독특한 인형을 만드는 경험에서 가치를 창출한다는 것이다.

생태계 중심의 가치 창출
—

생산자 중심의 가치 창출 패러다임은 기업의 가치사슬을 중심으로 전개된다. 고객 중심의 패러다임도 마찬가지다. 기업의 가치사슬을 중심으로 하지만, 한 가지 다른 것이 있다면 고객과 공동으로 가치를 창출할 수 있는 기회를 제공한다는 점이다. 그러나 각종 시장 환경과 기술, 고객의 욕구가 빠르게 변화하면서 생태계 중심의 가치 창출이라는 새로운 패러다임이 등장했다. 이 패러다임의 등장에는 다음과 같은 배경이 자리하고 있다.

① 고객은 표준화된 상품이나 서비스보다 복합적이고 통합된
솔루션을 요구한다.
② IT 기술이 상품화되면서 주요 정보도 소수의 집단이 독점
하기보다 전 세계로 고르게 분산되고 있다.
③ 시장 환경이 역동적으로 변하면서 공통의 목표 달성을 위
해서는 모든 이해당사자 간의 민첩한 협력 시스템이 요구
된다.

이 같은 배경에서 등장한 생태계 중심의 가치 창출 패러다임
의 특징은 다음과 같다. 첫째, 공통의 목표와 비전을 함께 개발
하고 달성하기 위해서는 협력기업 및 공급업자, 고객, 정부, 지
역사회의 적극적인 참여와 협력이 요구된다. 둘째, 생태계 중심
의 패러다임은 고도의 디지털 기술과 함께 다양한 기술을 바탕
으로 설계되었다. 이 패러다임은 생명체의 작동 방식과 유사해
가치사슬의 작은 변화에도 무척 민감한 반응을 보인다. 마치 미
세한 변화에도 즉각적으로 반응하는 신경망과 같다. 셋째, 생태

계 중심 패러다임의 성공은 가치사슬에 놓여 있는 모든 이해당사자가 각자의 핵심 역량을 얼마나 효과적으로 융합하느냐에 달려 있다. 넷째, 이 패러다임의 핵심은 업계 선두 조직의 암묵적 지식 체계로 이것은 혁신의 원동력을 하나로 통합시켜 공공의 이익을 위한 공동가치를 창출한다.

4

살아 있는
혁신생태계의 구조

살아 있는 혁신생태계는 유기적이고 자정 능력이 있는 시스템으로 이를 뒷받침하는 수많은 지원 요소로 둘러싸여 있으며, 핵심 목표는 다음과 같다.

제1층위 : 하위조직망
촉수 같은 형태의 스마트 센서와 더불어 환경 및 시장 여건에 대해 자정능력을 갖춘 망, 해당 망을 관리하는 사물인터넷과 인공지능, 그리고 스마트 추론을 통한 의사결정을 위한 각종 데이터로 구성된다.

제2층위 : 혁신의 다수 하위조직

기업의 내부적 연구개발R&D과 외부와의 연결을 통한 개발C&D을 포함해 협력기업 및 기타 이해당사자, 집단지성(개방형 혁신, 오픈 소스, 크라우드 소싱), 창조적 가치 창출을 위한 디자인 사고, 고유의 경영시스템, 아이디어와 기술의 융합, 조직의 지식 관리시스템에 기반한 혁신의 암묵적 필터 시스템 간의 협업을 통해 이루어진다.

제3층위 : 혁신의 주요 참가자 및 과정

협력기업, 공급업자, 고객, 정부, 지역사회 등 모든 이해당사자가 함께 참여하여 공공의 이익을 공동창조한다.

제4층위 : 혁신의 주요 수혜자

대중, 조직, 사회, 환경이 그 혜택을 누리게 된다.

제5층위 : 살아 있는 혁신의 궁극적 목표

사람들이 행복하고, 조직과 사회가 성장하며 환경이 발전할 수 있는 스마트한 미래를 만든다.

그림 3-1 | 살아 있는 혁신생태계

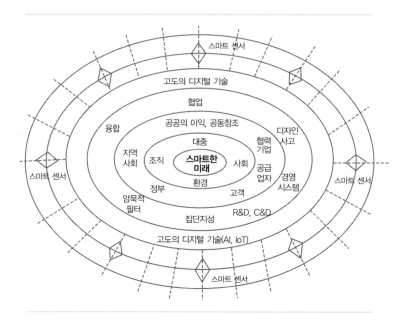

5

살아 있는 혁신의
목표

살아 있는 혁신은 최근 들어 등장한 혁신의 개념으로 '가능할 것 같은' 혁신보다는 좀더 성공 확률이 낮고 도전적인 '가능한' 혁신에 초점을 맞춘다. 살아 있는 혁신이 대두되기 시작한 주요 배경에는 여러 가지 환경의 변화로 인해 촉발된 사람들의 인식 변화가 자리하고 있다. 즉, '급속히 변화하는 오늘날의 환경에서 과연 혁신을 통해 무엇을 성취할 수 있는가?' 라는 고민을 시작한 것이다. 오늘날 전개되고 있는 새로운 변화는 다음과 같다.

급속한 세계화

오늘날 개인과 조직은 역동적인 환경 변화에 반드시 적응해야 한다. 급속한 세계화로 인해 세계적 공급망 개발은 각 기업의 필수 요건이 되었다.

또 다양한 경제블록(브렉시트, 환태평양경제동반자협정TPP, 기타 무역협정 등)이 새롭게 등장하면서 전 세계 경제지형은 빠른 속도로 변하고 있다. 이와 함께 민족주의 열기가 곳곳에서 되살아나고 있고, 신흥경제국의 글로벌 기업(삼성, 엘지, 화웨이, 알리바바, 인포시스, 타타, 폭스콘 등) 경쟁이 가속화되고 있다.

혁신적 기술의 변화

인공지능(머신러닝 및 딥러닝), 사물인터넷, 스마트 로봇, 블록체인, 융합경제 등 고도의 디지털 기술이 등장하면서 시장을 지배했던 각종 기술과 비즈니스 모델이 빠른 속도로 상품화되고 있다. 이러한 혁신 기술을 바탕으로 가상현실 및 증강현실, 인공지능 기반의 딥마인드,

IBM 왓슨, 수술용 로봇 다빈치, P2P 플랫폼 기반의 가상기업, 암호화폐 등 수많은 종류의 새로운 비즈니스 모델이 생겨나고 있다.

정보의 민주화

—

디지털화가 진행되면서 각종 정보는 보다 광범위하고 투명하게 배포되고 있다. 이를 통해 정보의 민주화 및 지식의 공유가 촉진되면서 협력기업과 공급업자, 고객 간의 효율적인 협업이 가능하게 되었다. 그러나 국민이 습득하는 모든 정보를 통제하고자 하는 일부 독재 국가에서는 이처럼 확대된 정보의 배포가 그리 환영할 만한 일이 아니다.

또한 블록체인 기술은 전통적인 금융 산업을 위협하고 있다. 제3자의 개입 없이도 거래당사자 간의 신뢰를 보장하는 P2P 기술을 통해 기존 은행의 역할이 더 이상 필요하지 않기 때문이다. 그동안 은행 및 각종 금융업체는 통화거래에 참여하는 당사자 간의 신뢰를 보장해주고 수수료를 챙기는 형식으로 수익을 창출해왔다.

네트워크 경제에 기반한 아이디어

—

디지털 시대에는 전통적인 '자원 중심의 시각'은 더 이상 적용되지 않는다. 곧, 주요 혁신과 가치 창출의 원천이 자원의 규모와 소유권에 있지 않다는 것이다. 자원의 적절성, 그리고 창의적이고 새로운 가치 창출 아이디어가 기존의 경제 모델을 대신한다.

창의적 인재 채용

—

디지털 시대에는 기술의 발달로 인해 정형화되거나 틀에 박힌 상당수 업무가 자동화될 수 있다. 현재 존재하는 많은 직업이 사라질 것이다. 동시에 우주여행 가이드, 기계 윤리 트레이너, 프리랜서 생명공학 과학자 등 지금은 존재하지 않는 새로운 직업이 생길 것이다. 전통적인 인적자원관리HRM는 특정 업무를 수행할 유능한 인재를 채용, 이들을 교육하는 데 집중한다. 또 동기 부여를 위해 효과적인 인센티브를 제공하고, 능력 있는 인재를 최대한 오래 고용하는 데 주력한다.

그러나 이제는 훌륭한 인재를 채용해 교육까지 마치고 나서도 더 이상 이들의 역할과 능력이 필요 없어질 수 있다. 따라서 새로운 형태의 인적자원관리는 새로운 시장 환경에 쉽게 적응하고 조직의 가치 창출을 위해 새로운 방법을 고안해내는 창의적 인재 채용에 골몰하게 될 것이다. 회복력과 창의력을 갖춘 인재 채용은 앞으로의 인적자원관리에 핵심적 요소가 될 것이다.

혁신의 기본 목표는 새로운 아이디어를 완전히 다른 방식으로 배치함으로써 조직을 위해 새롭고 추가적인 가치를 창출하는 것이다. 살아 있는 혁신을 통해 우리는 단순한 가치 창출이라는 목표를 넘어 조직과 정부 그리고 비영리단체 차원의 훨씬 더 높은 목표를 추구해야 한다. 또한 혁신의 유기적 시스템으로 어떠한 결과를 이끌어낼 수 있는지 끊임없이 탐색해야 한다. 이를 테면 사람들의 삶의 질 개선, 정의로운 사회, 공공의 이익 등이다.

살아 있는 혁신의 궁극적 목표는 우리 사회의 주된 병폐를 완화시켜나감으로써 사람이 행복하고, 조직이 성장하며, 환경이 발전할 수 있는 스마트한 미래를 건설하는 것이다. 이 주제와 관련된 자세한 내용은 8장에서 살펴볼 것이다.

컨버전스,
융합의
시너지 효과

제4장

1

컨버전스와
융합의 차이

컨버전스convergence에 관해 본격적으로 접근하기 전에 우선 논해야 할 것은 컨버전스와 융합fusion의 관계를 명확하게 정의하는 일이다. 컨버전스에 가장 가까운 우리말은 수렴이다. 수렴과 융합은 다른 단어인데 마치 같은 단어인 것처럼 혼용하고 있다. 많은 연구소와 연구단체가 영문 표기는 'Convergence'로 하면서도 한글표기는 융합으로 표시하기도 한다. 그러므로 이 장에서는 컨버전스를 논하기 전에 두 단어의 관계를 정의하고자 한다.

결론부터 말하자면 융합은 어떤 점으로 수렴하는 과정에서 자연스럽게 일어나는 현상이다. 어떤 목표점으로 서로 다른 객체들이 수렴하게 되면 그 과정에서 부딪쳐 자연스럽게 융합하게 되는 것이다.

그러므로 수렴과 융합의 관계를 설명하는 데 있어 가장 중요한 것은 수렴의 대상인 목표점이다. 이 목표점은 환경에 따라 변화할 수 있다. 국민으로 구성된 국가는 수렴의 목표점을 국정과제라는 이름으로 제시하여 국민의 공감과 지지를 얻는데 성공하면 지역, 종교, 세대, 정치적 이념 등을 초월한 국민의 협력(융합)을 통해 목표점으로 나아가게 되는 것이다. 마찬가지로 기업의 경우는 기업이 고객에게 주고자 하는 가치를 목표점(수렴점)으로 하여 공급업자, 협력업자, 경쟁업자, 고객, 주주, 정부 등 다양하고 폭넓은 이해당사자가 협력(융합)하게 되는 것이다.

그러므로 기업이 융합을 하기 전에 우선적으로 고려해야 할 것은 융합의 대상과 방법이 아니라 어떤 가치를 고객에게 전달해야 하는지를 결정하는 일이다. 공동의 가치를 달성하기 위한 융합은 퓨전fusion이라 할 수 있지만 잘못된 가치를 지향하거나 지향하는 가치 자체가 없이 이루어진 융합은 혼란Confusion으로 끝날 수도 있다.

과거에는 가치를 정의하는 일이 비교적 수월했다. 시장조사나 데이터 분석을 통해 고객이 원하는 가치를 알아내고 충족시키기 위해 노력하면 되었기 때문이다. 하지만 컴퓨터의 연산능력이 같은 가격에 18개월마다 2배씩 늘어난다는 무어의 법칙Moore's Law에 따라 정보통신기술이 급속히 범용화Commoditization되어 고객의 욕구를 충족하는 것은 누구나 할 수 있는 당연한 일이 되었다.

다시 말해 과거에는 데이터 분석을 통해 고객의 욕구를 알아내는 일이 고객의 주머니를 열기 위한 충분조건Order Winning Criterion이었지만 이제는 구매대상으로 고려되기 위해 기본적으로 갖춰야 하는 필요조건Order Qualifying Criterion이 된 것이다. 그렇다면 새로운 충분조건은 무엇일까? 그것은 고객이 인식하지 못하는 욕구를 찾아내 일깨워주고 충족시켜주는 능력일 것이다.

즉 고객이 원하는 것을 제공하는 것이 아니라 고객이 원해야 하는 것을 알려주고 제공해주는 것이다. 고객은 기대하지 못한 것을 경험하고 가치 창출에 직접 참여했을 때 감동하고 충성스러운 고객이 되는 것이다. 기존의 기술을 융합하여 기술적으로는 가능했지만 누구도 생각하지 못한 스마트폰을 개발하여 고객의 삶의 질과 유형을 근본적으로 바꾼 스티브 잡스가 좋은 예다.

고객의 기대를 넘어서는 가치를 발견하는 일은 지금까지는 주로 인간의 창의성에 기반한 통찰력에 의존해왔다. 가치발견을 위해서 꼭 필요한 것은 문제를 정의하는 능력이다. 문제를 올바르게 정의할 수 있으면 문제를 푸는 일은 기술의 진보로 그다지 어렵지 않은 과제가 되었기 때문이다. 문제를 정의하기 위한 중요한 자질이 융합적 사고와 창의력이기 때문에 최근에는 교육계에서도 학제 간의 융합과 창의력을 요구하는 교육과정 개발에 몰두하고 있다. 특히 최근까지 문제를 정의하는 능력보다는 주어진 문제를 푸는 능력의 개발에 초점을 둔 주입식 교육을 해왔던 한국에게는 시급한 과제이기도 하다.

그런데 이러한 접근법에 한 가지 큰 변수가 생겼는데 그것은 바로 빅데이터 시대의 도래다. 최근에는 일주일에 하나씩 빅데이터 관련 단체가 생긴다고 할 정도로 빅데이터가 각광받고 있다. 부피Volume, 속도Velocity, 다양성Variety의 3Vs로 설명되는 빅데이터는 다양하고 방대한 자료를 빠른 속도로 분석하여 가치 있는 정보를 얻는 도구로 인식이 되고 있다.

이중 부피와 속도는 방대한 자료를 빠르게 처리하기 위해 다수의 컴퓨터를 연결하여 협업하게 해주는 도구인 하둡 분산시스템에 대한 큰 관심으로 설명이 되듯이 주로 하드웨어적인 접근이 필요한 영역이다. 그리고 남은 것이 다양성인데 3가지의 V 중에 우리가 특히 관심을 둬야 할 것은 다양성이라고 할 수 있다.

첫 번째 이유는 지금까지의 발달된 정보 시스템의 전파과정이 증명하듯 하드웨어는 결국 상용화되어 차별성이 없어지게 되어 있다. 한때 수백억을 호가하던 전사적 자원관리 시스템을 무료로 제공하고 있는 텍사스의 컴피어Compiere의 클라우드 컴퓨팅 cloud computing 기반의 전사적 자원관리 시스템이 좋은 예다. 두 번째 이유는 빅데이터가 인공지능, 머신러닝, 딥러닝 등의 아이디어와 결합하여 시너지를 일으키면 고객의 숨겨진 욕구를 알아내는 통찰력까지 제공할 것으로 기대되고 있기 때문이다.

그리고 통찰력을 제공할 수 있는 가능성을 갖게 된 주요 원인은 정형적인 자료뿐만이 아니라 텍스트마이닝Text mining, 소셜 네트워크 분석 등을 통하여 비정형적 자료까지 다룰 수 있는 다양성의 힘에 있다. 지금까지 우리가 관계형 데이터베이스 기반으로 SQLStructured Query Languiage이나 데이터마이닝Data mining 등의 도구를 통해 다룰 수 있었던 테이블 형태의 정형적인 자료

그림 4-1 | 지식 창출 모델

	암묵지	to	형식지
암묵지	공동화		표출화
from			
형식지	내면화		연결화

는 전체 데이터의 양을 고려할 때 빙산의 일각에 지나지 않았기 때문에 데이터의 분석을 통해 얻을 수 있는 지식의 양에 한계가 있었다. 하지만 이제는 트위터나 페이스북 같은 소셜 네트워크 서비스, 사물인터넷이나 만물인터넷 등을 통하여 축적된 이전과는 비교할 수 없는 어마어마한 분량의 정형적, 비정형적인 자료를 동시에 자유자재로 분석할 수 있는 시대가 도래하고 있는 것이다.

이 같은 사실을 〈그림 4-1〉의 이쿠지로 노나카Ikujiro Nonaka의 지식경영이론에 적용을 하면 형식지Explicit Knowledge뿐만이 아니라 암묵지Tacit Knowledge까지 자유자재로 다루고 융합하여 새로운 형태의 지식을 만들어내고 공유할 수 있는 시대가 온 것이라 할 수 있다. 즉 인간의 경험에 의존한 통찰력에 전적으로 의존을 해왔던 문제정의의 역량이 빅데이터 분석에 의해 획기적으로 발전할 수 있는 길이 열린 것이다.

2

컨버전스의
새로운 등장

컨버전스는 새로운 개념이 아니다. 중세와 근세의 징검다리 역할을 한 르네상스도 메디치 가문의 후원 하에 피렌체를 중심으로 재능 있는 수많은 인재가 모여 교류하는 과정에서 일어난 융합의 산물이라고 할 수 있다. 가까이 보면 지우개 달린 연필도 편리함이라는 가치를 만들기 위해 지우개와 연필을 융합한 것이다.

한국의 역사를 보더라도 거북이 형상의 몸체에 용의 머리를 부착한 거북선은 거북의 단단함과 용의 무서움을 결합함으로서 이미지의 융합을 추구한 이순신 장군의 컨버전스에 기반한 혜안을 잘 보여주고 있다.

이렇듯이 컨버전스가 전혀 새로운 것이 아니었음에도 불구하고 최근에 대두된 가장 현실적인 이유는 다음의 3가지를 들 수 있다.

첫째, 정보통신기술의 발달로 인해 서로 다른 것의 결합이 상상할 수 없을 정도로 용이해졌다. 최근 대두되고 있는 사물인터넷이나 만물인터넷이 좋은 예다. 정보통신기술은 때로는 융합의 대상으로, 때로는 융합을 가능하게 해주는 접착제로, 때로는 서로 다른 객체들이 원활하게 협력할 수 있게 해주는 윤활유의 역할까지 하고 있다.

둘째, 고객의 경험 중심으로 이동하는 고객의 욕구를 단일 기업이 충족해주는 것이 불가능해졌다. 과거에는 단일 제품이나 서비스를 중심으로 여러 기업이 경쟁했지만 지금은 고객의 전체적인 라이프스타일을 향상시키는 제품이나 서비스를 종합선물세트로 만들기 위해 서로 다른 기업의 협력이 꼭 필요한 시대가 된 것이다. 예를 들어 미국의 서점인 반스앤노블Barns and Noble과 스타벅스의 결합은 책을 고르며 커피도 마시는 고객의 라이프스타일을 융합을 통해 충족시켜준 좋은 예다. 이를 위해서는 기술, 조직, 산업을 가로지르는 융합이 꼭 필요하다.

셋째, 무에서 유를 창조하는 발명보다는 기존에 존재하는 서로 다른 것을 융합하는 것이 보다 효과적으로 혁신적인 가치나 아이디어를 만들고 실행할 수 있기 때문이다. 성경에도 "태양 아래에는 새로운 것이 없다"는 말이 나온다. 인류의 진보를 이끌어낸 수많은 업적은 기존의 성과를 결합하여 얻어낸 산물이었다. 17세기의 위대한 과학자 뉴턴은 '거인의 어깨에 올라섰다'는 표현을 사용했다. 즉 거인의 어깨에 올라섬으로써 보다 멀리 볼 수 있었다는 것이다. 물론 여기서 거인의 어깨는 기존의 아이디어나 과거의 과학자의 업적을 의미한다.

결론적으로 기존의 방법으로는 높고 복잡해지는 고객의 욕구를 충족시켜주는 것이 어려워짐에 따라 정보통신기술에 기반한 융합을 통해 좀더 효과적으로 창조적인 제품과 서비스를 개발하여 고객의 욕구를 만족시키려는 컨버전스에 기반한 가치 창출 전략이 점점 더 중요해지고 있다.

최근 스마트폰 산업에서 샤오미와 BBK(스마트폰 비보Vivo와 오포Oppo)를 필두로 부상하고 있는 중국도 융합의 관점에서 설명할 수 있다. 중국산 스마트폰의 강점은 애플의 아이폰이나 삼성의 갤럭시 못지않은 우수한 품질의 제품을 훨씬 싼 가격에 판다는

그림 4-2 | 샤오미 CEO 레이 준

것이다. 이 같은 성공은 대만의 뛰어난 정보통신 기술과 중국의 값싼 노동력, 광대한 시장이 융합된 결과로 볼 수 있다. 이로 인해 중국과 대만을 합친 '차이완Chiwan' 이라는 신조어가 등장하기도 했다.

* 출처 : www.forbes.com

3

컨버전스의
정의

컨버전스의 사전적 정의는 '다른 기술, 산업, 장치를 하나의 전체로 합치는 것'이다. '컨버전스'가 새로운 트렌드이기 때문에 이 단어의 정의는 다양하지만 이 책에서는 이상문과 데이비드 올슨David Olson의 정의에 따르고자 한다.

— 다른 배경에서의 아이디어, 사물의 융합을 통하여 시너지를 일으켜 이전보다 나은 가치를 창출할 수 있는 방식으로 활용하는 것

이 정의의 핵심은 '시너지'다. 서로 다른 환경에서 나온 다양한 아이디어나 사물을 결합하고 잘 활용하여 시너지를 일으키는

것이 컨버전스인 것이다. 즉 1+1이 단순히 2가 되어서는 안 되고 그 이상의 가치를 가져와야 한다. 그리고 시너지를 일으키려면 융합의 대상이 되는 서로 다른 객체가 몰입하여 창조적 융합을 해야 하는데 이를 위해 꼭 필요한 것이 공동의 목표다. 그러므로 공동의 목표는 소수에 의해 일방적으로 제시되어서는 안 되고 폭넓고 다양한 이해관계자 간의 소통을 통해 공동으로 창조되어야 한다.

이해당사자가 공동의 목표를 수긍하고 받아들여야만 목표 달성에 몰입할 수가 있고 몰입해야 더 창조적인 방식으로 업무를 처리하게 되기 때문이다. 전 세계에서 가장 방대한 양의 데이터를 지닌 미국 갤럽Gallup의 연구 결과를 보면 몰입하는 종업원이 몰입하지 않는 종업원보다 약 20배 정도 창의적으로 일을 처리함은 물론이고 2배 정도 일자리를 더 창출한다고 한다.

지금까지의 내용을 정리하면 모든 이해당사자가 받아들일 수 있는 공동의 목표를 함께 정의하고 목표를 달성하기 위해 함께 몰입할 때 창조성이 극대화되고 궁극적으로 창조적인 융합으로 귀결되어 목표 달성에 큰 역할을 하게 된다는 것이다. 그러므로 공동창조와 컨버전스는 불가분의 관계에 있다고 할 수 있다.

4

컨버전스의
유형

컨버전스의 유형은 기준에 따라 다양하게 나눌 수 있지만 크게 한 분야의 아이디어를 다른 분야에 적용하는 적용적 컨버전스와 서로 다른 객체를 결합하는 결합적 컨버전스로 나눌 수 있다.

그리고 추가로 경쟁 환경에 주는 영향에 따라 컨버전스를 분류할 수도 있다. 이 장에서는 적용적 컨버전스와 결합적 컨버전스에 대하여 자세히 살펴보자.

적용적 컨버전스

적용적 컨버전스Application란 한 분야의 아이디어를 다른 분야에 적용하여 혁신적인 가치를 만들어내는 것을 의미한다. 예를 들어 피아노 건반의 작동원리를 적용하여 타자기를 만들거나 놀이동산의 롤러코스터의 작동원리를 적용하여 에스컬레이터를 개발한 것이 좋은 예다.

최근의 예로는 주로 의복이나 신발에 사용되던 섬유기술을 의료산업에 적용한 고어텍스의 고어프로셀Gore Procel을 들 수 있다. 고어프로셀은 뼈가 부러진 환자가 깁스를 했을 때 간지러움 때문에 고통을 받는 점에 착안하여 고어텍스의 방수섬유로 깁스를 할 수 있는 제품을 만들어 환자가 간지러울 때마다 샤워를 하거나 깁스 속으로 찬물을 흘러내려 증상을 가라앉힐 수 있게 했다. 적용적 컨버전스를 통해 깁스를 한 환자를 가려움의 고통에서 해방시켜준 것이다.

적용적 컨버전스는 오랜 시간 동안 혁신의 산파역할을 해왔다. 맥도날드는 포드의 자동차 조립을 위한 조립라인Assembly Line을 주방에 적용했다. 또 조립을 위해 사람 대신 자동차가 움직이

는 포드의 조립라인
은 소와 같은 동물의
몸을 분해해가며 부
위별로 고기를 분류
하는 고기포장 공장
에서 유래했다. 마찬
가지로 고급스러운
커피에 전략적 초점
을 둔 스타벅스는 거
리 곳곳의 에스프레
소 바에서 커피를 즐

그림 4-3 | 고어프로셀을 한 어린이

* 출처 : 필자가 직접 찍은 사진

기는 이탈리아 사람의 모습에서 아이디어를 얻었다. 비디오 대
여산업에서 블록버스터라는 오프라인의 거인을 무너뜨린 넷플
릭스의 아이디어는 우편으로 책을 파는 아마존닷컴에서 기인했
다. 블록버스터는 자신의 자본력을 활용해 혁신을 시도할 수 있
는 기회가 몇 번이나 있었지만 현실에 안주하다가 잃을 것이 없
는 후발주자로서 과감하게 혁신적인 비즈니스 모델을 받아들인
넷플릭스에 시장을 송두리째 빼앗기고 말았다. 블록버스터나 광

학산업에 안주하여 실패했던 코닥의 사례는 개인이나 기업이 현재의 위치에 자만하고 안주했을 때 오는 재앙을 잘 보여준다.

결합적 컨버전스

—

서로 다른 객체를 창조적으로 융합하여 새로운 가치를 만들어내는 컨버전스를 결합적 컨버전스Combination라 정의하고자 한다. 창조성이 곁들어 있는 결합적 컨버전스는 적용적 컨버전스와 마찬가지로 우리의 삶을 윤택하게 해주는 혁신의 근원이다.

예를 들어 구글은 데이터마이닝, 페이지 랭킹page ranking 탐색과 연결된 광고판매 기술을 융합한 서비스를 제공하고 있으며 넷플릭스의 비즈니스 모델은 아마존의 우편판매 아이디어와 헬스센터의 멤버십 판매 모델을 기반으로 하고 있다.

결합적 컨버전스는 융합의 주체가 누구인가에 따라 다양하게 나눌 수 있다. 이 책에서는 〈표 4-1〉과 같이 여섯 단계로 분류했다. 주목해야 할 점은 오른쪽 열에 나온 것처럼 각각의 융합을 통하여 어떠한 혁신을 주로 추구하는 가다.

표 4-1 | 결합적 컨버전스의 유형

컨버전스 유형	지향하는 혁신
• 제품과 요소 간 컨버전스 • 기능 간 컨버전스 • 조직 간 컨버전스 • 기술적 컨버전스 • 산업 간 컨버전스 • 생체인공지능 컨버전스	• 제품과 서비스 혁신 • 기업의 업무과정 재설계 • 가치사슬의 혁신 • 기술과 제품의 혁신, 새로운 기술창조 • 고객이 원하는 가치와 시장의 혁신 • 새로운 산업창조 • 유비쿼터스 융합

제품과 요소 간 컨버전스

제품과 요소 간 컨버전스Component/Product Convergence는 서로 다른 요소 간의 결합을 통해 더 나은 가치를 지닌 혁신적인 제품이나 서비스를 개발하는 것이 주요 목표다. 멀게는 연필과 지우개의 결합을 가깝게는 스마트폰과 빔 프로젝트를 결합한 삼성전자의 갤럭시 빔을 예로 들 수 있다. 제품과 요소 간 컨버전스의 지향점은 융합을 통하여 혁신적인 제품과 서비스를 개발하는 것이다.

그림 4-4 | 중국에서 출시된 갤럭시 빔 2의 광고

기능 간 컨버전스

기능 간 컨버전스Functional Convergence는 조직 내 서로 다른 부서 간의 융합을 통해 조직 성과의 극대화를 추구하는 것을 의미하며 지향점은 업무 프로세스의 혁신Business Process Innovation이다.

과거 조직의 각 기능 부서들은 전체의 성과보다는 각 부서의 성과 극대화에 초점을 두었다. 예를 들어 생산부서는 시장의 수요는 고려하지 않고 단지 생산의 극대화에만 치중하여 결국에는 엄청난 재고를 떠안는 경우가 많았다.

그림 4-5 | SAP Business Suite 광고

One for All: 365 days of SAP Business Suite

이러한 문제는 전사적 자원관리시스템 같은 정보 시스템을 받아들임으로써 기능 부서 간의 장벽을 허물고 협력하여 해결할 수 있게 되었다. 이러한 접근은 업무 프로세스 자체를 혁신시켜 과거 기능 중심의 업무 프로세스를 기능을 가로지르는 협력 중심으로 바꿔 큰 틀에서 조직 전체의 성과를 올리는데 기여할 수 있다.

〈그림 4-5〉는 하나의 통합된 패키지로 대기업 전체를 다룰 수 있음을 강조하는 SAP Business Suite의 광고 이미지다. 모두를 위한 하나One for All라는 문구가 상징하듯이 하나의 시스템으로

조직의 모든 기능을 가로지르는 통합을 통해 시너지를 일으키는 것에 초점을 두고 있다.

조직 간 컨버전스

조직 간 컨버전스Organizational Convergence는 서로 다른 조직 간의 융합을 통하여 가치사슬의 혁신을 일으키는 것을 목표로 하고 있다. 조직 간 컨버전스는 앞장에서 소개한 혁신의 진화 단계 중 협력적 혁신과 긴밀하게 연결되어 있다. 각각의 기업은 가장 잘할 수 있는 분야에만 집중하고 나머지는 해당 분야 최고의 기업과 협력하여 보완함으로써 최고의 제품과 서비스를 고객에게 제공하는 개념이다.

나이키가 이에 해당한다. 나이키는 더 이상 신발 제조업체가 아니다. 나이키는 자신들이 가장 잘할 수 있는 브랜드 관리Brand Management에만 집중하고 나머지는 전부 다른 초일류 기업에 아웃소싱을 하고 있다. 이러한 추세를 가치조직화Value Organization라고 하기도 한다. 과거에는 가치를 생산했지만 이제는 활발한 아웃소싱을 통해 최고 가치를 창조한다는 의미다. 제품의 디자인과 혁신에만 전념하며 대부분의 활동을 아웃소싱하는 애플, 중저가

TV 조립업체인 비지오 등이 좋은 예다.

조직 간 융합이 대두된 또 다른 이유는 파괴적 혁신의 대두다. 새로운 기업이 파괴적 혁신을 통해 기존 시장에 진입하여 새로운 고객기반을 빠르게 형성해갈 때 기존 기업들은 다음과 같은 의사결정에 직면하게 된다.

① 기존 조직을 중심으로 대응할 것인가? VS 새로운 독립적인 조직을 만들 것인가?
② 새로운 기업이 도입한 파괴적 혁신을 흉내 낼 것인가? VS 새로운 파괴적 혁신으로 대응할 것인가?
③ 파괴적 혁신으로 형성된 새로운 시장의 고객은 기존의 고객을 잠식한 것인가? VS 전혀 새로운 고객기반을 창출한 것인가?

이와 같은 질문에 관한 정답은 사실 존재하지 않는다. 해당 산업과 경쟁 환경에 따라 다른 전략을 선택해야 하는 경우가 많기 때문이다. 예를 들어 항공 산업에서 대부분의 기업은 저가항공사가 시장을 파괴할 때 처음에는 새로운 비즈니스 모델에 기반한 독립 조직을 만들어 대항했다. 사우스웨스트Southwest Airline에 대항하여 콘티넨털라이트Continental Lite를 만들었던 콘티넨털항공이 그 예다. 하지만 지금은 기존 조직을 활용하여 경쟁하는 쪽으로 방향을 전환했다.

하지만 다른 산업에서 대부분의 조직은 전혀 다른 독립적 브랜드와 조직을 만들어서 그 조직만의 독립적인 문화와 핵심역량을 구축하여 새로운 시장에서 파괴적 혁신으로 경쟁하는 방법을 선택한다. 소니의 플레이스테이션과 마이크로소프트 엑스박스X-Box가 10대와 청년층을 새로운 고객 기반으로 삼아 높은 기기성능으로 파괴적 혁신을 일으키며 도전해올 때 과감하게 가족 게임의 개념을 도입하여 새로운 고객 기반에 초점을 두고 사용하기 쉬운 게임으로 차별화를 했던 닌텐도의 '위'가 좋은 예다.

하지만 이 경우 문제는 높은 독립성은 기존 조직과의 유기적인 협력을 통하여 시너지를 구축하는 것에 역행할 수 있다는 점이다. 즉 조직 간의 융합이 중요한 이슈가 되는 것이다. 이를 위해 핵심 역할을 할 수 있는 것이 이 책에서 제안하는 공동창조의 개념이다. 공유할 수 있는 기반, 공유할 수 있는 가치, 협력을 북

돋는 인센티브 등은 조직 간의 융합을 통한 시너지 창출을 위해 핵심적인 해법이다.

산업 간 컨버전스

산업 간 컨버전스Industry Convergence는 다양한 산업 간의 융합을 통해 시장에 혁명을 일으키는 전략이며 최근 가장 큰 각광을 받고 있다. 지향하는 목표는 고객이 원하는 가치를 포함한 시장의 혁신이다. 한정 없이 높아만 지는 고객의 욕구를 충족시키기 위해서는 단지 조직 간의 융합을 통한 가치사슬의 혁신만으로는 부족하고 서로 다른 산업을 연결시킴으로써 새로운 시장의 형성 등을 통해 시장에 혁명을 일으키는 것이 필요하기 때문이다.

예를 들어 최근 우리나라의 핵심 산업으로 부각되고 있는 의료관광산업Medical Tourism이 그 좋은 예다. 또한 중국의 8개 도시에서 큰 각광을 받고 있는 디즈니 영어Disney English로 상징되는 에듀테인먼트Edutainment도 비슷한 예다. 산업 간 컨버전스는 기존의 기업전략의 근간을 흔들고 있다. 예를 들어 마이클 포터의 5가지 경쟁요인 모델5 Fores Model 모형은 이러한 추세를 설명하는 데 분명한 한계가 있다. 포터의 모형은 근본적으로 단일 산업을 기

그림 4-6 | 서울 강남에 위치한 메디컬 투어 센터의 모습

그림 4-7 | 중국의 디즈니 잉글리시

* 출처 : Disneyenglish.com

준으로 하고 있고 최근 중요성이 대두되는 애플의 앱스토어와 같은 보완재의 역할을 전혀 설명할 수가 없다.

산업 간 컨버전스의 관점에서 한 가지 꼭 다루어야 할 주제는 서비스 사이언스Service Science일 것이다. 서비스 사이언스를 한마디로 요약하면 제조업의 서비스화, 즉 제조업과 서비스의 융합이라고 할 수 있다. 고객의 경험을 소유에서 대여로 바꾸는 것으로 공유경제시대의 패러다임과도 잘 어울리는 것이다. 이를 서비타이제이션Servitization으로 표현하기도 한다. 제품인 정수기는 무료로 제공하고 정수기용 생수배달, 정수기 청소 등으로 수익을 일으키는 전략이 그 예다.

다른 좋은 예는 전기자동차다. 전기자동차 보급의 가장 큰 걸림돌은 긴 충전시간인데 이스라엘에서는 자동차용 배터리를 서비스화시켜서 문제를 해결하려 하고 있다. 배터리를 충전하는 대신 충전된 배터리로 교환하는 아이디어로 배터리를 소유의 대상이 아닌 빌리는 대상으로 만들어 문제를 해결한 것이다.

기술적 컨버전스

기술적 컨버전스Technology Convergence는 서로 다른 기술 간의 융합을 통하여 기술적 혁신을 일으키는 것을 목표로 하고 있다. 요즘 가장 흔히 볼 수 있는 융합의 종류다. 예를 들어 로봇 공학과 영상기술과 의료기술을 융합한 수술용 로봇인 다빈치를 들 수 있다. 다빈치를 수술에 활용하면 수술 중에 발생하는 출혈로 인한 응급수혈의 발생 빈도를 지금의 5%에서 3%로, 약 40% 정도 줄일 수 있다고 한다. 또한 비트코인 같은 암호화폐의 근본기술로 각광받고 있는 블록체인 기술은 비대칭적 암호화, P2P 커뮤니케이션, 해시함수 등 기존의 여러 가지 기술을 융합한 것이다.

생체인공지능 컨버전스

생체인공지능 컨버전스Bio Artificial Convergence는 지금까지 소개된 컨버전스의 유형 중 가장 앞선 단계로 컨버전스의 미래라고 할 수 있다. 생체와 인공지능 간의 융합을 통해 새로운 가치를 만들어내는 것을 목표로 하는데 이러한 컨버전스의 지향점은 유비쿼터스 혁신이다. 유비쿼터스 혁신이란 인간의 지능을 장착한 기계가 언제, 어디서나 인간이 필요로 하는 일을 돕는 시대라 할 수 있다. 생체인공지능 컨버전스의 전조가 될 수 있는 예를 들자면 최고의 체스 컴퓨터인 왓슨을 들 수 있다.

클리블랜드 의대에 따르면 왓슨이 의대 과정을 밟고 있고 의학박사 학위를 취득하면 인공지능을 활용하여 환자를 진료할 수도 있다고 한다. 머신러닝을 통해 습득한 수없이 많은 환자 진료 사례를 종합하여 최적의 진단을 할 수 있게 된다는 것이다. 이 부분은 앞에서 소개한 빅데이터와도 연관이 깊다. 미국 국방연구소DARPA : Defense Advanced Research Project Agency의 지원 하에 애리조나 주립대학교의 윌리엄 타일러William Tyler 박사의 연구팀이 개발 중인 초음파 장착 헬멧Ultrasound Enhance Helmets도 좋은 예다.

헬멧에서 나오는 초음파를 활용하여 병사의 뇌의 일부 위치를 자극하여 병사를 좀더 기민하게 만들어주고 스트레스를 줄여주며 외상성 뇌손상에서 오는 나쁜 증상을 완화시켜주는 것이 핵심 아이디어다. 휠체어를 사용하는 장애인이 뇌에서 나오는 신호로 휠체어를 작동시킬 수 있는 쉐어드콘트롤Shared Control 같은 시스템도 한 예다. 이러한 예는 유비쿼터스 혁신의 시대가 막연한 미래가 아니라 생각보다 가까이 다가오고 있음을 보여준다.

지금까지 컨버전스의 대두 배경, 개념과 유형 및 컨버전스와 융합 간의 관계에 대하여 살펴봤다. 그런데 이 장을 정리하면서 꼭 강조하고 싶은 것이 한 가지 있다. 그것은 컨버전스는 공학이나 과학이 아닌 고객과학Customer Science이라는 것이다. 즉 무작정 합친다고 혁신이 일어나고 새로운 가치가 생기는 것은 아니라는 것이다. 고객을 깊이 연구하여 고객이 원하는 것을 넘어 고객이 원해야 하는 가치까지 알아내어 융합을 통해 달성할 때 컨버전스 전략은 성공할 수 있다.

고객이 MRI를 찍을 때 염려하는 것은 MRI 기계의 성능이 아니라 MRI를 찍는 경험이라는 것을 간파하여 필립스 엠비언트 익스피리언스Philips Ambient Experience(필립스의 안락한 경험)을 도입한 필립스가 좋은 예다. 필립스는 MRI 촬영을 기분 좋은 경험으로 만들기 위해 환자가 원하는 환경으로 MRI 촬영실의 분위기를 바꿀 수 있게 만들었다. 골프를 좋아하면 골프장으로 바다를 좋아하면 바닷속으로 MRI 촬영실의 분위기를 변화시킬 수 있게 한 것이다.

어린이가 MRI 기계가 무서워 촬영을 거부하면 옆에 있는 작은 MRI 기계에 아이가 좋아하는 인형을 넣고 인형의 배 속을 볼

그림 4-8 | 필립스 엠비언트 익스피리언스

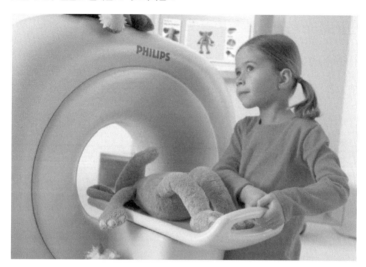

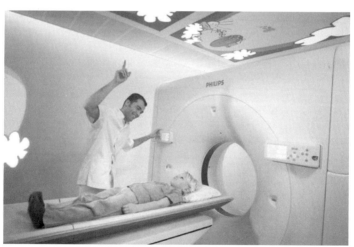

* 출처 : Harvard Business Reviews

수 있게 하여 MRI가 사람을 아프게 하는 것이 아니라 단지 배 속을 들여다보는 기계임을 알 수 있게 해줬다. 필립스의 사례는 융합은 고객이 원하는 가치를 달성하는 과정에서 일어나야 성공할 수 있음을 명확하게 보여주고 있다.

다음 장에서는 디자인 사고의 개념과 살아 있는 혁신생태계 속에서의 역할에 대해 살펴볼 것이다.

디자인 사고,
인간 중심의
접근법

제5장

1

욕구를
찾아내라

사회는 점점 다원화되고 소비자의 욕구는 다양하고 복잡하며 불확실해짐에 따라 전통적인 분석으로는 소비자의 욕구를 제대로 파악하기가 어려워졌다. 더 나아가 소비자는 자신이 기대하지 못했거나 깨닫지 못했던 욕구까지 기업이 알아내고 혁신적 제품을 만들어 일깨워주기를 기대하고 있다. 스마트폰을 개발하여 고객에게 그동안 무엇을 모르고 지냈는지를 깨우쳐준 스티브 잡스가 좋은 예다.

팝음악 역사상 가장 위대한 곡 중의 하나로 손꼽히는 '험한 세상의 다리가 되어Bridge Over Troubled Water'라는 곡으로 우리에게 잘 알려진 사이먼 앤 가펑클Simon and Garfunkel의 폴 사이먼Paul Simon 또한 훌륭한 예다. 그가 〈타임Time〉지가 선정한 '20세기를 만든 100인'에 선정되었고, 70살이 넘도록 지난 60년간 변함이 없이 그래미상Grammy Awards의 후보로 오른 것은 '관객이 원하는 노래보다 관객이 들어야 하는 노래를 만들어 불러야' 한다는 일념으로 항상 혁신적인 음악을 만들어 관객이 새로운 음악에 눈을 뜨게 해줬기 때문이다.

그는 20대였던 사이먼 앤 가펑클 시대의 주옥같은 노래만 불

그림 5-1 | 폴 사이먼과 넬슨 만데라

* 출처 : The New York Times

러도 평생 인기를 누릴 수 있었지만 자신의 철학에 따라 끊임없이 다양한 장르의 융합을 통한 혁신을 시도했다. 1972년에는 백인 최초로 레게음악을 도입했고 나중에는 남아프리카 공화국의 흑인 음악까지 도입했다. 당시 흑인 인권운동가였던 넬슨 만델라 전 대통령의 표현처럼 "아프리카의 흑인에게도 백인에게 핍박 받는 희생자의 모습뿐만이 아니라 음악과 같은 자랑스러운 문화적 자산이 있다."는 것을 전 세계에 알린 것이다.

디자인 사고Design Thinking가 등장하게 된 주요 배경은 고객의 복잡하고 추상화된 욕구를 정확히 발견하고 빠른 시간 내에 창조적인 해법을 마련하는 능력이 생존을 위해 필수적인 세상이 되었는데 이를 디자인 사고가 충족시켜줄 수 있기 때문이다. 혁신적인 디자인 기업인 IDEO가 소개한 디자인 사고는 기업은 물론이고 공공분야, 사회적 기업에 이르기까지 폭넓게 사용되고 있다. 디자인 사고의 핵심은 디자이너의 감각과 방법을 활용하여 인간의 욕구를 기술적 구현 가능성과 지속가능한 경영전략과 조화를 이루게 함으로써 고객에게 더 나은 가치를 제공하고 새로운 시장의 기회를 만드는 것으로 정의할 수 있다.

디자인 사고가 등장한 또 다른 배경은 기존의 의사결정 방식의 한계 때문이기도 하다. 최고경영자가 몇 가지 단순한 변수와 직관에 의존하여 내린 의사결정과 방대한 데이터에서 추출한 수많은 변수를 활용한 통계적 분석에 의존한 의사결정 사이에 별로 유의한 차이가 없다는 사실이 기존의 의사결정 방식의 한계를 잘 보여준다. 안정적이고 예측이 가능한 환경에서는 정밀한 데이터 분석에 의한 의사결정이 더 정확하고 시장이 불확실한 상황에서는 경영자의 직관에 의한 단순한 의사결정이 더 바람직하다는 의견이 많기도 하다.

의사결정 방법을 다룬 수많은 아이디어가 있지만 그중 가장 대표적인 이론은 1978년에 노벨경제학상을 수상한 미국의 심리학자인 허버트 사이먼Herbert Simon의 의사결정 모델일 것이다. 그는 의사결정 과정을 문제를 정의하고 정보를 수집하는 인지intelligence 단계, 대안을 개발하고 평가 분석하는 설계Design 단계, 그리고 대안을 선택Choice하는 세 단계로 나눴고 실행을 의미하는 실행implementation과 실행성과를 관측하는 평가monitoring를 포함한 다섯 단계를 총칭하여 문제해결 과정이라고 했다.

사이먼의 모델로 상징되는 기존의 접근법은 개인이나 조직이 문제를 정의, 대안을 마련하고 최종 해법을 선택, 실행, 평가하

그림 5-2 | 허버트 사이먼의 문제해결 모델

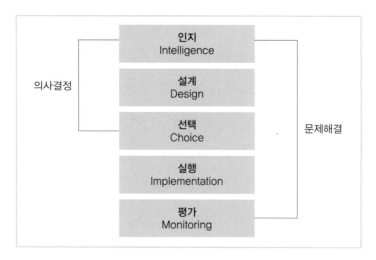

는 일련의 과정을 논리적으로 표현하고 있어 거의 반세기가 지난 지금도 큰 의미가 있지만, 모든 것이 빠르고 급속하게 변하는 현 시대에 활용하기에는 다음과 같은 이유로 한계가 있다.

첫째, 환경을 분석하고 대안을 마련하고 선택을 하는데 주로 내부적인 역량에 의존하고 있다. 의사결정을 위한 내부 역량은 물론 중요하지만 외부 역량을 활용하는 능력이 더욱 중요한 세상이 되었다. 예를 들어 고객도 인식 못하는 욕구를 내부적인 역량으로 알아내는 것은 거의 불가능하다. 고객과 감정까지 공유하는 긴밀한 소통과 교류를 통해서만 고객의 경험을 이해하고 올바르게 문제를 정의하고 대안을 마련하고 해법을 선택할 수 있는 것이다.

둘째, 의사결정을 위한 협업의 중요성이 담겨 있지 않다. 문제를 정의하고 혁신적인 아이디어를 내기 위해서는 창의적인 아이디어를 낼 수 있는 환경과 다양한 배경과 아이디어를 가진 인적 자원 간의 협업을 통한 공동창조가 강조되어야 한다. 혁신적인 아이디어를 만드는 경쟁은 기본적으로 팀스포츠Team Sports라는 말도 있다.

셋째, 빠른 의사결정과 실행을 위한 근본적인 패러다임 전환이 필요하다. 과거의 의사결정 프레임은 원하는 많은 대안 중에 의사결정의 수준에 맞는 해법을 하나 골라서 실행하고 평가하는 것이었다. 즉 신중하게 최종 단일 대안을 선택하고 실행하는 것이었다. 그리고 실행에는 보통 상당한 시간이 소요되기 때문에 결과가 마음에 들지 않아 다른 대안을 선택하여 실행하는 데는 너무 많은 시간이 걸렸고 급변하는 시장 환경은 기존의 아이디어를 무용지물로 만들기도 한다.

하지만 중국의 원형prototype 제조 전문기업에게 원하는 제품의 원형제작을 아웃소싱하면 2주면 배달되는 세상이 되었다. 나아가 이제는 3D 프린터로 원하는 물건을 바로 만들어낼 수 있는 시대이기 때문에 여러 대안을 원형으로 만들어 실제로 실행을 한 후에 선택하는 것이 가능해졌다. 즉 심사숙고해서 최종안을 실행하는 연역적 접근이 아니라 여러 안을 실제로 실행한 후 최종안을 전적으로 실행하는 귀납적 접근이 가능해진 것이다.

기존의 의사결정 모델이 지닌 이러한 한계점을 극복하고자 대두되고 있는 것이 인간 중심, 원형실험 중심, 협업 중심을 강조하고 있는 디자인 사고인 것이다.

2

멋진 세상을
추구하라

디자인 사고는 관점에 따라 다양하게 정의되고 있지만 다음과 같은 공통적인 특징을 가지고 있다.

디자인은 목적이 아닌 과정

디자인의 수준은 4단계로 나눌 수 있다.

첫번째 단계는 개개인이 가진 디자인에 대한 일반적인 생각이다. 두 번째 단계는 그래픽 디자이너와 같이 전문가적인 디자인 기술이다. 세 번째 단계가 디자인 사고이며 디자인 과정과 디

그림 5-3 | 인간, 기술, 경영, 디자인 사고

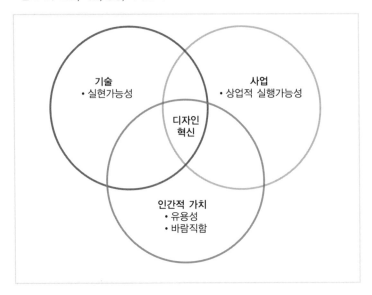

기술
• 실현가능성

사업
• 상업적 실행가능성

디자인
혁신

인간적 가치
• 유용성
• 바람직함

* 출처 : http://dschool.stanford.edu/

자인 과정을 통해 서로 다른 분야가 어떻게 협력할 수 있는가에 초점을 둔다. 그리고 마지막 단계가 디자인 연구인데, 디자인 세계에 대한 학문적인 연구를 의미한다.

이 4가지의 디자인 개념 중 세 번째 단계가 디자인 사고의 개념이라고 할 수 있다. 즉 디자인의 결과물이 아닌 디자이너의 접근방식을 활용하여 다른 부문 간의 창조적 협업을 이끌어내 혁신으로 이끌려는 노력으로 정의할 수 있다.

인간, 경영, 기술의 융합을 추구

—

디자인 사고는 인간의 관점에서의 바람직함과 경영학적 관점에서의 생존력과 기술적 관점에서 구현가능성을 핵심가치로 한다. 그리고 이 3가지의 핵심가치가 만나는 곳에서 디자인 혁신이 나온다고 믿는다.

즉 고객이 바라는 아이디어도 중요하고 경영학적으로 볼 때 지속적으로 이윤을 창출하는 것도 중요하고 기술적인 구현가능성 각각도 중요하지만 이들이 서로 만나는 점에서 직관과 창의적인 아이디어와 파괴적인 혁신이 나온다는 것이다.

공감, 다양성, 협동을 중시

—

디자인 사고는 사용자와의 깊은 공감을 통해 내면의 욕구까지 발견해내는 것을 추구하고 다양한 구성원의 다양한 아이디어를 도출Divergence 한 후 수렴Covergence 하면서 협력하는 것을 추구한다.

이러한 특징은 디자인 사고가 기업뿐만이 아니라 정부 등 공공기관은 물론이고 주로 NGO 등이 추구하는 사회적 혁신에 폭넓게 활용되는 배경이기도 하다. 공감을 통해 사회구성원이 진정으로 원하는 것을 알아내고 다양한 사회구성원의 협력을 통하여 다양한 해법들을 도출한 후 최선의 대안을 마련하고자 하는 디자인 사고의 접근방식은 기업뿐만이 아니라 관료주의의 비효율성으로 인해 고전하고 있는 공공분야에도 시사하는 바가 많다.

이러한 접근방식은 공동혁신생태계 모델의 핵심요인인 공동의 목표를 찾아내는 데 많은 도움을 준다.

멋진 가치를 추구

—

디자인 사고를 가장 활발하게 활용하는 분야가 디자인으로 세상을 변화시키는 꿈을 꾸는 사회적 혁신Social Innovation 분야다. 이는 디자인 사고가 추구하는 궁극적인 목표가 멋진 제품이 아닌 멋진 세상이라는 것을 상징적으로 보여준다.

디자인 사고의 철학을 성공적으로 적용한 이케아가 궁극적으로 고객에게 전달하고자 하는 가치는 저렴하면서도 좋은 디자인의 가구를 판매함으로써 삶의 질의 향상시키는 것도 있지만 궁극적으로는 DIY_{Do It Yourself} 철학에 따라 고객이 직접 조립하여 가족을 위한 가구를 만드는 경험을 제공함으로써 삶과 존재의 의미를 느끼게 하는 것이다.

실제로 지인 중의 한 명은 미국 유학 시절에 구입한 평범하고 낡은 이케아 가구를 한국에까지 가져왔는데 그 이유는 자신이 아이들에게 직접 조립해준 가구이기 때문에 남다른 의미가 있어서였다.

과거와 달라진 디자인의 영역

—

전통적인 디자인의 영역은 시각화된 의사소통 디자인, 내부 공간 디자인, 제품 디자인, 정보 디자인, 설계 디자인 등을 주로 포함했다. 반면에 디자인 사고의 영역은 경험의 디자인, 공감을 위한 디자인, 교류를 위한 디자인, 지속가능성을 위한 디자인, 봉사를 위한 디자인, 변화를 위한 디자인 등 인간의 삶을 좀더 의미 있게 만드는 과정에 초점을 두고 있다.

한 예로 〈그림 5-4〉 속의 아쿠아덕Aquaduct을 들 수 있다. 놀랍게도 전 세계에서 깨끗한 물이 부족한 인구의 수가 10억 명이고 매일 5,000명의 어린이가 물과 관련한 질병으로 사망한다고 한다. 이에 디자인 사고로 유명한 IDEO는 디자인 사고를 활용하여 아쿠아덕이라는 자전거를 개발했다.

그림 5-4 | 아쿠아덕

* 출처 : www.ideo.com

이 자전거는 깨끗한 물을 얻기 위해서는 먼 곳에서 물을 길어와 정수해야 한다는 2가지 문제를 한번에 해결했다. 좌석 뒤쪽에 큰 물탱크가 있고 앞쪽에는 정수된 물을 저장할 물통이 달려 있어 자전거의 페달을 밟으며 이동하면 자연스럽게 뒤쪽의 물이 정수가 되어 앞쪽의 물통에 깨끗한 물이 모이게 했다. 집에서도 자전거를 세워놓고 페달을 돌려 필요할 때마다 정수기로 사용할 수 있다.

3

문제를
정의하라

개인이나 조직이 직면한 환경에 따라 디자인 사고의 적용 과정
은 다양하게 묘사될 수 있지만 그중 가장 많이 알려진 디자인 사
고 적용 단계는 〈그림 5-5〉와 같이 다섯 단계로 나눌 수 있다.

그림 5-5 | **디자인 사고 과정**

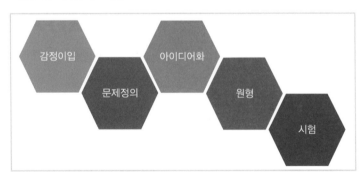

* 출처 : www.ideo.com

감정이입

감정이입Empathize이란 사용자의 행동을 주의 깊게 관찰하거나 인터뷰 등을 통하여 사용자가 경험하는 감정을 함께 경험하는 것이다. 사용자의 감정을 사용자 입장에서 직접 경험함으로써 진정한 문제의 본질이 무엇인지를 찾아낼 수 있는 기반을 얻게 된다. 이를 위해서는 사용자의 눈으로 보고 사용자의 귀로 듣고 사용자의 가슴으로 느끼는 공감에 기초한 소통방식을 채화시키려는 노력이 중요하다.

감정이입의 중요성을 잘 보여주는 사례는 〈그림 5-6〉과 같은 뱅크오브아메리카BOA : Bank of America의 'Keep the Change'라는 서비스다. BOA는 고객과의 감정이입에 기반한 소통과 관찰을 통해 고객이 집에 돌아와 주머니에 남아 있는 동전을 빈 통에 넣는 것을 즐긴다는 것을 발견했다.

그리고 그 이유는 큰 힘을 들이지 않고 자연스럽게 저금을 하여 나중에 식구가 다 함께 간단한 외식이라도 할 수 있는 돈을 만드는 즐거움 때문이라는 것을 알아냈다. 이 사실에 착안하여 고객이 BOA 직불카드로 일정액을 지출하면 무조건 바로 위의

그림 5-6 | 뱅크오브아메리카의 Keep the Change 서비스

Keep the Change®
Save automatically with every
Check Card purchase you make.
A Free Service - only from
Bank of America

Start Saving

Your Purchase	Item Price	Rounded Up To	Transferred to Savings
	$3.50	$4.00	$0.50
	$5.25	$6.00	$0.75
	$35.49	$36.00	$0.51

Total transferred to savings account = $1.76

달러 가치로 올림을 하여 출금 계좌에서 출금한 후 그 차액을 저
축계좌에 넣어주는 서비스를 만들었다. 예를 들어 직불카드로
고객이 2,300원을 지출하면 출금통장에서 3,000원을 인출한 후
차액 700원을 고객의 예금계좌로 넣어주는 방식이다. 이 서비스
하나로 BOA는 1년 만에 100만 명의 신규 가입자를 얻을 수 있
었다.

문제정의

문제정의Define란 다양한 팀원이 감정이입을 통해 얻은 결과를 토대로 통찰력을 얻고 문제의 범위를 설정하고 정의하는 것이다. 팀의 역할은 디자인 사고에서 매우 중요한 역할을 한다. 그 이유는 다양한 배경과 관점을 가진 구성원으로 구성된 팀은 다양한 의견을 도출하고 이러한 다양성은 창의적인 아이디어를 개발하는 데 핵심적인 요소이기 때문이다. 이 단계는 공동의 목표를 정의해야 하는 공동혁신의 핵심 절차를 잘 지원해줄 수 있다.

문제정의의 중요성을 잘 보여주는 예는 불과 5분 전까지 하수구의 오물이었던 물을 마시는 마이크로소프트의 설립자 빌 게이츠의 모습으로 화제가 된 옴니프로세서Omniprocessor의 개발이다. 빌 게이츠는 2000년에 빌과 멜린다 게이츠 재단Bill & Melinda Gates Foundation이라는 자선재단을 설립하여 국제적 보건의료 확대, 빈곤 퇴치, 교육 기회 확대 등 인류 공통의 문제를 해결하기 위해 매진해왔다. 그중의 하나가 저개발 국가의 위생을 개선하기 위해 지속가능하고 환경 친화적인 방법으로 정제된 물을 공급하는 것이었고 그 결과로 옴니프로세서가 개발된 것이다.

이 장치는 어느 지역에나 설치가 가능하고 사람들이 배출한 하수구의 오물을 투입하면 일차로 수분을 증발시켜 깨끗한 식용 수를 생산한 후 이차로 오물을 태우면서 나오는 증기로 전기를 생산해내는 것이다. 효율도 높아서 약 10만 명이 배출한 오물로 약 8만 6,000리터의 물과 250kw의 전기를 생산해낼 수 있다고 한다. 오물로 마실 수 있는 깨끗한 물과 전기까지 생산하여 주민 에게는 깨끗한 자연과 마실 물을 주고 장치운영자에게는 전기로

그림 5-7 | 하수구의 오물에서 5분 만에 정제된 물을 마시고 있는 빌 게이츠

* 출처 : 〈비즈니스위크〉

이윤을 남기는 일석이조인 셈이다.

　이러한 일이 가능했던 이유는 저소득 국가의 열악한 사회 인프라와 위생환경의 문제점을 잘 분석하고 이해하여 '빈곤층을 위해 경제적으로 지속가능하고 환경 친화적인 방법으로 깨끗한 물을 공급하는 방법을 찾아내자'는 도전적인 문제를 정의하고 창조적인 방법으로 해법을 찾았기 때문이다.

아이디어화

—

아이디어화Ideate란 정의된 문제를 해결하기 위한 다양한 아이디어, 즉 대안을 만들어내는 과정이다. 아이디어의 질보다는 양과 다양성에 초점을 둔다. 극단적인 예로 99%의 사람들이 최고로 생각하는 방법이 무엇인지 알아도 억지로 말도 안 되는 아이디어라도 가져와서 고려해보라는 것이다. 그런데 놀라운 것은 종종 어쩔 수 없이 집어넣은 말도 안 되는 아이디어가 채택되는 경우가 있다는 것이다. 다양한 아이디어는 실험하고 융합하여 창조적인 해법을 발견하는 데 꼭 필요한 것이다.

원형

—

원형Prototype의 개발과 활용을 통한 직접 경험을 통하여 아이디어를 현실화시키는 과정이다. 여기서 말하는 원형은 전통적 원형과는 다른 의미로 값싸고 빠르게 다양한 아이디어에 기반한 원형을 만들어 직접 경험해보며 옥석을 가리는 것을 의미한다.

최근 대두하고 있는 3D 프린터는 원형 개발에 많은 도움이 될 것으로 보인다. 원형의 실험은 디자인 사고의 가장 핵심적인 것이다. 책상 위에서 수많은 고민을 한 뒤 한 가지 최종안을 골라 실행을 하던 과거와 달리 디자인 사고에서는 여러 가지 대안의 원형을 빠르게 만들어 직접 경험한 후에 최종안을 결정한다. 과거 접근방식이 연역적이었다면 디자인 사고의 접근방식은 귀납적이라고 할 수 있다.

치킨버거 업체인 칙필레Chick-fil-A는 매장의 구조를 전면적으로 바꿔 고객과 종업원 모두에게 편의를 주기 위한 시도를 했다. 그런데 문제는 직접 새로운 구조를 적용하기 전에는 실제로 고객이 어떤 동선을 따를지 정확히 알 수 없었는데 각각의 재구성안을 시험해보기 위해 매장의 구조를 바꾸는 것은 비용이 많이 들

그림 5-8 | 종이판으로 빠르게 만든 칙필레의 매장 구조 원형

* 출처 : www.Chick-fil-A.com

고 오랜 시간이 소요되는 일이었다.

　그래서 칙필레는 디자인 사고의 '원형' 단계를 받아들였다. 먼저 다양한 아이디어를 채택한 후 각각의 아이디어에 따라 종이판을 사용하여 신속하게 원형 점포구조를 만들어 실험한 후 평가했다. 그리하여 시간과 비용을 단축함과 동시에 실제 환경에서 다양한 아이디어를 직접 실험할 수가 있었다.

시험

—

시험Test는 원형을 직접 사용한 후 채택된 최종 아이디어를 직접 시장에 적용하는 과정이다. 시장에서 얻어지는 결과에 따라 아이디어를 재정의하거나 지속적으로 디자인 사고 과정을 반복할 수 있다.

4

공공 부문에 적용하라

디자인 사고의 아이디어는 모든 종류의 조직에 적용될 수 있다. 예를 들어 크리스천 베이슨Christian Bason은 앞에 나온 아이디어에 기반하여 공공 부문에 적용할 수 있는 디자인 사고 과정을 다음 그림과 같이 4단계로 제시했다.

① **알기**Knowing : 다양한 방법으로 국민과 소통함으로서 국민이 원하는 것에 대한 양적, 질적 데이터를 포괄하는 다양하고 큰 데이터를 축적해가는 과정이다. 국민의 관점에서 접근 하는 것이 이 단계의 핵심이다.

② **분석**Analyzing : 이전 단계에서 축적된 빅데이터를 의미 있게

그림 5-9 | 공공 부문의 디자인 사고 프로세스

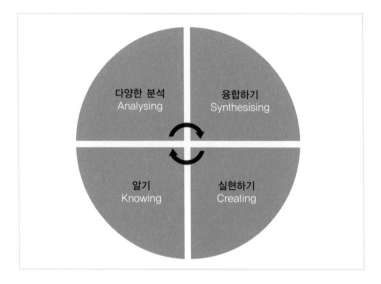

분류하고 구조화시키고 분석하는 과정이다. 최근 대두된 빅데이터가 핵심적인 역할을 할 수 있다. 빅데이터는 크고 Volume 다양하며Variety 빠른 처리능력Velocity을 요구한다. 때로는 이 셋을 합쳐 가치를 만들어내야 한다고 해서 4Vs로 정의하기도 한다. 분석과정의 중요한 결과물은 국민의 의견에 대한 통찰을 얻는 것이다. 이를 위해 주로 사용되는 것이 패턴인식Pattern Recognition과 시각화Visualization다.

③ **융합** Synthesizing ： 이전 단계에서 나온 통찰을 기반으로 다양한 아이디어를 도출하고 결합하여 선택한 후 선택된 아이디어를 개념화하는 과정이다. 디자인 사고 과정의 아이디어화 Ideation 에 해당되는 단계다.

④ **창조** Creating ： 선택된 아이디어를 위한 원형을 만들고 실험하고 제품으로 실현하는 과정이다.

크리스천 베이슨의 공공 부문을 위한 디자인 사고 모형은 직접적으로 표현하지 않았지만 빅데이터 분석의 개념을 디자인 사고 과정에 적용했다는 데에서도 의미를 찾을 수 있다. 그리고 그의 아이디어는 실제로 코펜하겐에 적용되어 지구온난화로 인한 홍수와 공해로 신음하면서도 상충하는 이해를 가진 다양한 구성원 간의 충돌로 갈등하던 코펜하겐을 세계 최고의 환경친화적인 도시로 전환시키는 데 큰 역할을 했다.

디자인 사고를 적용하여 외국인에 대한 서비스를 향상시키려고 한 싱가포르 정부의 노력도 좋은 예다. '내가 그의 이름을 불러주었을 때 그는 나에게로 와서 꽃이 되었다' 는 김춘수 〈꽃〉의 구절은 누구나 이름을 불러주었을 때 존재감을 느낀다는 것을 암시한다.

싱가포르 정부는 이민국에서 순서를 기다리는 외국인에게 번호보다는 이름을 불러주었을 때 존재감을 느끼고 편안함을 느낀다는 사실을 발견했다. 그래서 외국인의 대기 순서를 나타내는 모니터에 대기번호 대신 이름을 보여주고 순서가 된 외국인을 부를 때에도 번호 대신 이름을 부르게 했다.

그 결과 외국인 방문자의 이민국에 대한 서비스 만족도를 올릴 수 있었다. 물론 이러한 발견과 접근이 가능했던 것은 인간 중심의 디자인 사고 접근법 덕이었다.

5

디자인 사고와
살아 있는 혁신의 관계

이 장에서는 디자인 사고의 등장 배경, 개념, 특징, 적용과정에 대하여 알아보았다. 디자인 사고를 간단히 요약하면 감정이입을 통한 인간 중심 접근, 다양한 구성원을 지닌 팀 중심의 협력 강조, 원형의 적극적인 활용, '인간, 기술, 경영의 융합 접근' 등이라 할 수 있다. 이러한 핵심 철학은 이 책의 주제인 살아 있는 혁신과 잘 부합한다.

감정이입을 통한 인간 중심의 접근법은 이해당사자와의 깊이 있는 소통을 통하여 공공의 이익이라는 공동 목표를 만들어내는 살아 있는 혁신의 첫 단계에 꼭 필요한 요소다. 팀 중심의 협력의 강조는 다양한 이해당사자의 적극적인 몰입을 통한 창의성의 극대화를 기본전제로 하는 살아 있는 혁신의 철학을 잘 뒷받침해주고 있다.

원형의 적극적인 활용은 큰 그림에는 강하지만 세부적인 대안이 부족하다는 부정할 수 없는 살아 있는 혁신의 한계를 극복할 수 있는 훌륭한 대안이다. 결과적으로 '인간, 기술, 경영의 융합 접근'은 살아 있는 혁신의 핵심도구인 컨버전스와 완벽하게 부합하고 있다. 요컨대 디자인 사고는 살아 있는 혁신생태계의 모든 과정을 뒷받침해주는 촉진제이자 윤활유의 역할을 해주는 셈이다. 이러한 생태계는 공유목표의 공동창조와 함께 혁신적 아이디어의 융합, 공공의 이익을 위한 가치 창출의 마지막 점검 필터로서의 조직 내 암묵적 지식 체계를 포함한다.

혁신생태계, 가치사슬의 변화

LIVING INNOVATION

제6장

1

경쟁 주체의
변화

경쟁의 본질이 무엇인지를 손쉽게 알 수 있는 방법은 경쟁을 벌이는 주체가 무엇인지를 살펴보는 것이다. 글로벌 환경의 변화에 따라 경쟁의 주체가 변하고 있기 때문이다. 예를 들어 지금까지 경쟁의 주체는 기업, 가치사슬, 플랫폼, 생태계의 순서로 진화해왔다. 그리고 흥미롭게도 혁신의 주체도 기업, 가치사슬, 플랫폼, 생태계의 순서로 진화해왔다.

이러한 사실은 기업의 전략과 혁신전략은 변화하는 환경에 따라 공동으로 진화해왔음을 보여주고 있다.

단일기업 중심의 경쟁 시대

—

1991년에 경제학자인 로널드 코스Ronald Coase는 20세기의 기업이 될 수 있는 대로 규모를 키우려고 노력했던 현상을 거래비용의 분석을 통해 설명함으로써 1991년 노벨상을 수상했다. 코스의 법칙Coase's Law으로 불리는 그의 아이디어는 '외부 역량을 기업 내부로 흡수하는 비용이 같은 역량을 외부로부터 빌리는 비용과 같아질 때까지 기업은 외부 역량의 내부화를 통한 규모의 확장을 지속적으로 추구할 것'이라는 이론이었다.

예를 들면 거래비용을 지출하며 공급자에게 부품을 공급받는 것보다 거래비용 없이 직접 내부적으로 생산하는 것이 더 저렴하므로 기업은 가능한 한 많은 것을 내부 생산해야만 한다는 것이다. 이러한 주장을 한 배경은 그 당시에는 탐색비용search cost, 계약비용contract cost, 조정비용coordination cost 등의 거래비용이 매우 컸기 때문이었다. 그 결과 자동차 타이어가 필요한 포드가 브라질에서 고무농장을 직접 운영하기도 했다. 이러한 흐름을 요약해주는 표현이 수직적 통합Vertical Integration이다.

단일기업 중심의 경쟁이 가능했던 또 다른 이유는 고객의 욕구와 변화의 속도에서 찾아볼 수가 있다. 제2차 세계대전 이후의 인구의 증가와 경제 성장으로 인한 소득의 증가는 제품에 대한 수요를 급격하게 키웠고 고객이 제품에 거는 기대가 지금보다 높지 않아 좋은 품질로 제품 본연의 기능만 잘 수행하면 만족했다. 즉 제품 그 자체에 만족하던 시대였다. 게다가 환경의 변화는 지금과는 비교할 수 없을 정도로 느렸다. 그러다 보니 혁명적인 변화보다는 단일기업이 기존의 핵심 역량에 의존하여 점진적으로 제품의 성능을 개선하면 시장에서 지속적으로 성장할 수 있던 시대였다. 그 당시에는 토요타, 소니 등 급진적인 혁신보다는 지속적인 품질 향상으로 승부했던 일본 기업이 성공할 수 있는 시기였다.

가치사슬 중심의 경쟁 시대
—

기술의 비약적 발달로 인해 생산성이 향상되자 기업이 시장의 수요 이상으로 제품을 생산하는 공급과잉이 일어났다. 공급과잉은 치열한 경쟁으로 귀결되었고 설상가상으로 고객의 욕구 또한 향상되어 좋은 품질은 물론이고 저렴한 가격, 빠른 주문 충족, 고객화된 제품 모두를 요구하게 되었다. 더 좋은 성능의 제품을 더 낮은 가격에 고객 개개인의 취향에 맞춰 생산하여 빠르게 전달하는 능력을 모두 지닌 기업만이 생존할 수 있게 된 것이다.

그래서 등장한 것이 융합의 한 형태인 조직 간의 융합이었다. 서로 다른 조직이 융합하여 새로운 가치를 만들어내기 시작한 것이다. 과거의 방식이 가치의 생산Value Production이었다면 새로운 방식은 가치의 조직Value Organization이었던 것이다.

가치 조직의 보편화는 단일기업 중심 시대의 산물이었던 수직적 통합의 시대가 지나가고 수직적 해체Vertical Disintegration의 시대가 도래함을 의미한다. 기업의 규모를 축소하며 핵심역량에만 집중하는 시대가 온 것이었다. '코스의 법칙'의 논리적 근거가 되었던 거래비용이 인터넷 기술에 기반한 정보통신기술의 발전에 의해 수직으로 낙하함에 따라 기업이 거래비용에 대한 부담 없이 외부의 기업과 협력할 수 있게 되었다. 그 결과 기업은 전통적인 가치사슬 내에서 자신이 가장 잘할 수 있는 부분에만 집중하고 나머지 부분은 다른 기업에서 빌려오는 전략이 부상하게 되었다.

이 경우 기업에게 가장 중요한 것은 '어떤 가치사슬에 가입하는가' 일 것이다. 경쟁의 본질이 가치사슬 간의 경쟁이기 때문에 조직의 성패는 조직이 속한 가치사슬의 성패에 강한 영향을 받게 된 것이다. 브랜드 경영Brand Management에만 집중을 하고 나머지는 아웃소싱하는 나이키와 TV 생산 공정 중 조립에만 집중을 하여 미국 중저가 TV 시장을 주도하고 있는 비지오가 좋은 예다.

플랫폼 중심의 경쟁 시대

—

가치사슬 중심의 경쟁 시대는 조직 간의 협력을 통하여 부품구매, 제조, 마케팅 판매, 배달 서비스로 이어지는 가치사슬의 순차적 활동의 강화를 통한 경쟁우위의 획득을 의미했다. 혼자서 다하지 않고 다른 기업과의 협력을 통해 더 나은 가치를 창출한다는 면에서는 진일보한 것이었지만 인터넷 네트워크 시대의 새로운 가치 창출 패러다임인 네트워크 외부성Network Externality을 담아내지 못하는 한계에 봉착하게 된다.

네트워크 외부성의 개념은 보통 2가지로 해석될 수 있다.

첫 번째는 사용자 수에 관한 것으로 공동체의 가치는 참여자의 수가 많으면 많을수록 가치가 기하급수적으로 올라간다는 것이다. 예를 들어 세상에서 단 하나뿐인 팩스의 가치는 1이지만, 2대가 되면 4로, 3대가 되면 9로 가치가 올라간다는 것이다. 이 접근법은 가치의 근원이 희소성scarcity에서 풍요성abundance으로 진화하고 있다는 중요한 현실을 설명해준다. 최근 각광을 받고 있는 빅데이터나 사물인터넷, 공유경제의 가치도 여기에 기인한 것이다. 사실 풍요성이 새로운 가치 창출의 근원이 될 것임을 보여준 전주곡은 오래 전부터 '표준화 전쟁'이라는 모습으로 존재했다.

토머스 에디슨의 직류와 니콜라스 테슬라Nikolas Tesla의 교류 간의 표준전쟁, 비디오테이프 시장에서 소니의 베타Beta와 파나소닉의 VHS 간의 표준전쟁, 최근 블루레이Blue Ray 진영의 승리로 결말이 난 도시바 중심의 HD DVD 진영과 소니 중심의 블루레이 진영 간의 표준 전쟁이 좋은 예다. 한국의 와이브로WiBro와 미국의 와이맥스WiMax 간의 모바일 인터넷 기술의 주도권 경쟁과 같이 통신기술의 표준화 경쟁은 아직도 뜨겁다.

두 번째는 제품의 특성에 관한 것으로 제품 그 자체로는 가치가 없지만 보완재의 수가 많아질수록 제품의 가치가 급증하는 현상이다. 보완재의 숫자가 많으면 많을수록 제품의 가치가 올라가서 더 많은 고객을 얻게 된다는 것이다. 스마트폰 시장에서 애플의 강세는 제품 그 자체보다는 보완재 시장의 강세로 설명할 수 있다. 초기에는 월등하게 많은 앱을 가지고 있던 앱스토어가 큰 역할을 했다. 그리고 지금까지 애플의 제품이 유독 미국에서 글로벌 시장 점유율을 훨씬 뛰어넘은 시장점유율로 초강세를 보이는 가장 중요한 원인 중 하나는 경쟁사와는 비교할 수 없을 정도로 많고 창의적인 액세서리 제품에 있다. 하지만 미국에서 삼성전자 제품의 액세서리를 찾는 것은 한동안 쉽지 않았다.

이런 2가지 이유로 플랫폼 중심의 경쟁이 대두했는데 플랫폼 중심의 경쟁은 플랫폼의 핵심역량을 지닌 주도적 기업과 역량을 뒷받침해주거나 활용하여 더 나은 가치를 만들어주는 보완재 기업 간의 역동적인 협력을 기반으로 한다.

예를 들어 마이크로소프트 윈도우라는 개인용 컴퓨터PC 운영체계를 중심으로 수많은 소프트웨어가 개발되어 자연스럽게 플랫폼 형태로 진화하게 되었다. 플랫폼의 리더와 보완재 생산자의 관계는 종종 뒤바뀌기도 하는데 IBM PC에 마이크로프로세서를 공급하던 인텔과 운영체계를 공급하던 마이크로소프트가 결국 막강하고 독자적인 플랫폼으로 성장한 것이 좋은 예다. 과거 마이크로소프트가 넷스케이프 내비게이터Netscape Navigator라는 웹브라우저를 의도적으로 고사시키는 전략을 선택한 이유는 보완재인 웹브라우저가 플랫폼의 핵심 리더로 성장할 가능성을 사전에 차단하고자 한 것이다.

최근 운영체제os를 내재한 웹브라우저인 구글 크롬의 대두는 이와 같은 해석을 강하게 뒷받침하고 있다. 크롬의 대두는 OS를 중심으로 개발되어온 PC나 스마트폰의 애플리케이션이 브라우저를 중심으로 개발되는 지각변동을 가져올 수 있기에 결코 간과할 수 없는 현상이다. 지금까지가 운영체계인 OS와 함께 결합한 기기 중심의 애플리케이션 시대였다면 앞으로는 크롬의 선전 여하에 따라 브라우저 중심의 애플리케이션 시대가 도래할 수도 있다는 것이다.

즉 사용 중인 스마트폰 기기의 종류에 따라 앱스토어를 찾는 것이 아니라 웹브라우저에 따라 앱스토어를 찾는 시대가 올 수 있다는 것이다. 물론 소비자에는 매우 바람직한 변화가 될 것이다. 운영체계가 다른 기기를 바꿀 때마다 앱을 다시 구매하고 설치하는 번거로움과 비용이 사라지기 때문이다.

플랫폼은 환경에 따라 다양한 형태로 존재할 수 있는데 케빈 보드르와 카림 라카니Kevin Boudreau and Karim Lakhani는 개방형 혁신 플랫폼에 초점을 두고 개방의 정도와 방법에 따라 다음의 3가지 혁신 플랫폼을 제시했다.

통합형 플랫폼 모델

통합형 플랫폼 모델Integrated Platform Model은 플랫폼 소유자가 외부 개발자(혁신자)와 고객 사이에 위치해 개발자가 개발한 제품을 직접 판매하는 방식이다. 애플의 앱스토어가 좋은 예다. 애플이 개발자와 고객 사이에 위치해 양자 사이의 거래를 통제한다. 이 모델의 특징은 플랫폼 소유자가 높은 수준의 통제권을 행사하는 것이다. 앱을 앱스토어에 등록하려면 반드시 애플의 사전 심사를 받아야 한다.

제품 플랫폼 모델

제품 플랫폼 모델Product Platform Model은 외부의 개발자가 플랫폼 소유자의 기술을 활용해 제품을 개발한 뒤 직접 고객에게 판매하는 모델이다. 고어텍스가 좋은 예다. 고어텍스는 핵심 기술과 사용규칙을 제공하고, 외부 기업이 이를 활용해 옷과 신발, 의료기기를 만든다. 핵심기술 제공자는 계약이라는 형식으로 외부 개발자를 통제하고 기술 제공에 대한 특허료를 받는다. 이 모델의 특징은 플랫폼 소유자의 통제권이 상대적으로 약하며 개발자에게 더 많은 재량권이 주어진다. 예를 들어 개발자가 플랫폼 소유자의 핵심 기술에 기반해 개발된 응용 기술에 대한 권한도 가지게 된다. '인텔 인사이드Intel Inside' 정책도 유사한 예다.

양면형 플랫폼 모델

양면형 플랫폼 모델Two-sided Platform Model은 외부의 개발자와 소비자가 특정 플랫폼 환경 하에서 활동한다는 조건 하에서 언제든지 자유롭게 직접 거래하는 모델이다. 플랫폼의 역할은 개발자와 고객 간에 교류와 거래를 촉진하는 것이다. 외부 개발자는 플랫폼 소유자와 상의하지 않고도 새로운 제품의 디자인, 개발, 제조할 수 있는 강한 권한을 가지게 된다.

그러나 플랫폼 소유자는 규칙이나 규제라는 형식으로 개발자에 대한 일정 수준의 통제권을 유지할 수가 있다. 페이스북이 좋은 예다.

생태계 중심의 경쟁 시대
—

플랫폼에 기반한 경쟁전략은 핵심제품이나 서비스를 중심에 두고 보조적 제품이나 서비스를 추가함으로서 고객에게 더 나은 가치를 제공하여 고객만족도를 올리는 전략을 의미하는 CBP Customer Benefit Package 등의 형태로 나타나며 고객에게 보다 많은 가치를 제공했다. 어린이에게 핵심 서비스인 진료를 제공하면서 의사가 직접 어린이에게 아름다운 노래를 불러주고 진료 후 장난감을 선물로 주는 치과의사, 차량을 수리하는 동안 커피와 도넛을 대접하고 근처의 낚시터에서 낚시를 하게 해주는 자동차 수리소 등이 그 예다.

하지만 플랫폼 전략은 다음과 같은 한계점이 있었다. 첫째, 협력의 대상이 주로 플랫폼 주도 기업이 선택한 기업으로 한정된다. 플랫폼의 개방 정도에 따라 약간의 차이는 있지만 애플이나 삼성과 같은 플랫폼 주도기업이 플랫폼 보조기업에 미치는 영향력은 매우 막강하고 아직도 구매자와 공급업자 간의 수직적 관계에 의지하고 있다.

둘째, 협력의 범위가 대부분의 경우 단일시장이나 산업으로 제한되어 있다. 기존 PC 산업에만 초점을 둔 운영체계 개발자와 애플리케이션 개발자의 관계에 초점을 두다가 시장에서의 영향력이 현저히 줄고 있는 마이크로소프트가 대표적인 예다. 이러한 접근으로는 산업을 가로지르는 융합을 통해 새로운 가치를 만들어줄 것을 기대하는 고객의 욕구를 충족시키는 데 많은 한계가 있다.

셋째, 플랫폼의 혁신역량을 극대화하기 위해서는 조직 간의 협력뿐 아니라 고객으로 대표되는 군중과의 협력을 통한 공동창조가 중요한데 기존의 플랫폼은 이 부분을 간과하고 있다. 고객의 의견을 존중한다는 선언적인 접근보다는 실질적으로 고객을 기업의 활동에 참여시키는 것이 중요한데 플랫폼 전략은 이 부분에서 한계를 보이고 있다.

넷째, 협력의 방향이 역량을 빌리는 것에 제한되어 있다. 2012년에 코닥은 파산 상태에서 벗어나기 위해 필요한 약 9,000억 원의 자금을 마련하기 위해 보유하던 1,100개의 특허를 한화로 약 5,500억 원에 인텔렉처 벤처Intellectual Venture에 판매했다. 만약 코닥이 1,100개의 특허를 회사가 어려움에 처하기 전에 필요한 기업에 빌려주고 이익을 공유했더라면 회사의 운명이 바뀌었을지도 모른다. 즉 밖에서 안으로Outside-In뿐만이 아니라 안에서 밖으로Inside-Out도 필요한 것이다. CDMA의 원천기술을 개발한 후 상용화를 한국에 의뢰하여 성공시킴으로서 3세대 이동통신 휴대전화 제조업체에서 기계값의 3% 정도를 특허료로 받아온 퀄컴Qualcomm이 인사이드 아웃Inside-Out 전략으로 기업의 운명을 바꾼 좋은 예다.

요약하자면 플랫폼 전략의 한계를 극복하기 위해서는 폭넓은 협력 대상과 수평적 관계 하에 산업을 가로지르는 창조적 융합을 통해 새로운 가치를 만들어내는 전략이 필요하게 되었다. 그래서 기존의 플랫폼 전략을 넘어서는 새로운 전략으로 대두된 것이 생태계다.

생태계는 다음의 4가지 측면에서 기존의 플랫폼과 구별될 수 있다. 첫째, 참여자의 폭이 넓다. 기존의 기업 간의 협력뿐만이 아니라 고객, 지역사회구성원, 정부, 경쟁자 등 다양한 이해관

그림 6-1 | 선풍적인 인기를 끌고 있는 레고

* 출처 : www.Lego.com

계자를 포함하고 있어야 한다. 최근 공유가치 창출의 대두가 보여주듯이 이제 기업은 선언적인 기업의 사회적 책임을 넘어서 지역사회와 함께 공동의 목표를 같이 추구해야 지속가능성을 올릴 수가 있는데 이를 위해서는 필수적으로 지역사회를 구성하는 다양한 구성원을 모두 포괄하는 생태계의 구축이 중요하다. 이러한 추세는 사회적 혁신Social Innovation의 대두로도 설명이 되고 있다.

둘째, 산업을 가로지른다. 얼마 전까지 대두되었던 고객의 새로운 욕구는 제품을 넘어 가치 있는 경험을 얻는 것이었다. 물론 제품이 중요하지 않다는 의미가 아니다. 제품이 좋은 것은 당연한 것이고 제품에서 의미 있는 경험까지 얻고 싶은 것이었다. 최근 어른들 사이에서 일어나고 있는 레고Lego의 선풍적 인기가 좋은 예다. 레고 자체보다는 레고를 조립하는 동안 시름을 잊고 동심의 세계에 빠질 수 있는 경험이 레고의 선풍적인 인기의 원천이라고 할 수 있다.

그런데 최근에 일어나고 있는 주목할 만한 변화 중 하나는 '고객의 라이프스타일을 구성하는 경험을 포괄하는 단일 생태계'에 대한 필요성의 대두다. 지금까지는 고객이 자신의 라이프스타일을 구성하는 각기 다른 경험에 맞는 제품과 서비스를 다양한 기업에서 구매했다. 하지만 생태계의 대두는 구글과 같은 단일 생태계가 고객이 원하는 거의 모든 부분을 만족시킬 수 있음을 보여주고 있다.

그리고 고객의 입장에서는 여러 생태계에서 이것저것 경험하는 것보다는 단일 생태계에 의지하며 단일 생태계에서 나오는 다양한 제품과 서비스 간의 시너지를 즐기는 것이 훨씬 유익할 수밖에 없다. 구글이 검색 엔진, 컴퓨터 운영체계를 넘어 우리 삶에 편의성을 주는 수많은 애플리케이션을 제공하는 것은 물론이고 무인자동차Self-Driving Car까지 시도하는 것은 지극히 생태계적 전략이라고 할 수 있다. 최근 결제서비스까지 진출한 애플의 경우도 같은 맥락에서 충분히 설명할 수 있다.

셋째, 생태계 중심 기업과 참여기업 간의 공동진화를 추구한다. 공동진화는 자연 생태계를 설명하는 주요 특징 중의 하나다. 자연 생태계와 마찬가지로 산업생태계가 형성되어 지속적으로 성장하기 위해서는 구성원의 공동진화가 필수적이다. 구성원은 도외시하고 생태계의 중심 기업만 이득을 취하는 경우에는 멀지 않은 장래에 구성원이 떠나거나 고사할 수밖에 없기 때문이다. 그러므로 생태계 중심 기업은 생태계의 지속적인 발전을 위해 구성원과 함께 성장하는 전략을 고심하는 것이 중요하다. 모든 구성원이 공동진화하는 생태계는 새로운 구성원을 지속적으로 얻을 수 있고 이는 생태계의 전체적인 경쟁력을 지속적으로 향상시킬 수밖에 없는 것이다.

마지막 특징은 개방성이다. 생태계 주도자를 중심으로 닫혀 있는 생태계는 고사할 수밖에 없다. 경영학의 주변부 중심 전략

Edge Centric Strategy이나 유명한 카오스 이론이 설명하듯이 생태계의 가치를 획기적으로 향상시키거나 죽어가는 생태계를 살릴 혁신적인 아이디어는 생태계의 중심이 아닌 가장자리에서 생겨날 확률이 높다. 가장자리는 외부의 변화를 경험하고 변화에 기반한 혁신적 아이디어를 만들어낼 수 있는 조건을 가지고 있기 때문이다.

역사를 봐도 중국의 왕조를 무너트리고 새로운 왕조를 일으킨 세력은 원나라와 청나라의 예처럼 중심이 아닌 지방 세력인 경우가 많았다. 열린 생태계는 외부의 흐름을 잘 읽고 받아들임으로서 스스로 변화하고 진화할 수 있는 힘을 가지게 된다. 반면 닫힌 생태계는 자기도취에 빠져 서서히 무너져갈 수밖에 없는 운명을 지니고 있다.

이상에서 살펴본 것과 같이 공동혁신생태계의 등장배경은 생산자 중심에서 고객 중심으로, 고객 중심에서 생태계 중심으로 진화한 가치 창출전략 패러다임의 변화로 설명할 수 있다.

흥미롭게도 창조경제의 주창자로 유명한 존 호킨스John Howkins 도 2013년에 출간한 《창조경제The Creative Economy》의 개정판과 《창조적 생태Creative Ecologies》에서 자신이 주장한 창조경제에서 생태계ecosystem로의 패러다임의 전환과 그에 따른 전략의 재정비의 필요성을 강조했다. 그는 창조적 생태계를 참여자들이 충분한 자원을 가지고 활발히 교류하며 새로운 아이디어를 만들어내는 장소로 정의했다. 그는 창조적 생태계의 척도로 변화change, 다양성diversity, 학습learning, 적응adaptation을 제시했다.

즉 조직의 핵심역량과 여러 외부적 환경 등을 고려하여 다양한 조직 및 개인과 역동적인 협력을 하며 새로운 아이디어와 제품을 만들어내며 환경의 변화에 따라 유연하게 생태계를 재구성할 수 있는 능력이 중요해졌다는 것을 함축하는 것이다. 즉 다양한 구성원들이 역동적으로 협력할 수 있는 생태계를 강조했다. 이러한 호킨스의 최근 주장은 이 책의 주제인 살아 있는 혁신생태계의 중요성을 매우 잘 설명해주고 있다.

2

살아 있는
혁신생태계로의 진화

생태계란 1935년 영국의 식물생태학자인 아서 탠슬리Arthur Tansley 가 처음 제창한 용어다. 사전적 정의로는 '유기물의 공동체와 그를 둘러싼 환경의 복합체인 생태학적 단위'로 정의하고 있다. 즉 생물과 환경이 서로 영향을 주고받으며 계를 이루고 있는 것을 의미한다. 이러한 개념은 이해관계자 간의 유기적인 관계와 경쟁 환경이 사업의 성패에 중요한 역할을 하는 경제와 경영에도 잘 적용이 된다. 이 가운데 살아 있는 혁신의 개념은 가치 창출의 패러다임이 상품 중심에서 서비스 중심으로, 폐쇄형 운영에서 개방형 협력으로, 플랫폼 중심에서 생태계 중심으로, 기계적 시스템에서 유기적 시스템으로 변화하면서 생겨난 것이다.

구조

—

살아 있는 혁신생태계는 공유가치를 창출하는 모든 구성요소, 즉 개인과 조직, 지역사회, 인프라, 정부, 사회, 국가의 집합체와 같다. 상호연결성 및 공동 네트워크를 통한 시너지 효과는 살아 있는 혁신생태계의 주요 특징이다. 각 구성요소는 집단적 노력을 바탕으로 규모의 확대에 따른 이익의 증가 및 각종 파급효과, 외부효과, 사회화 과정, 정보의 공유 등을 성취하기 위해 노력한다. 유연한 구조는 살아 있는 혁신생태계의 기본 바탕이자 강점이다. 살아 있는 생태계의 문화와 기능을 조성하는 핵심 구성요소는 다음과 같다.

- 공동체 의식
- 공유목표에 대한 신뢰
- 공유목표 및 공유가치의 공동창조
- 정보와 지식의 공유 및 교환
- 창의력 개발에의 몰두
- 협력 및 공존에 대한 믿음

- 적극적인 의사결정
- 발전된 기술의 사용
- 공공의 이익을 목표의 우선순위로 지정

기술

—

과거의 혁신은 R&D 부서나 최고기술책임자의 영역이었다. 하지만 디지털 혁신 및 글로벌 경제 시대의 혁신은 조직의 경쟁력을 판가름하는 지표가 되었다. 따라서 오늘날의 혁신은 조직의 전략적 방향을 좌우하는 핵심요소라 볼 수 있다. 조직의 비전과 성공에 대한 일종의 생명줄로서 혁신의 과정을 계획하고 지휘하는 것은 최고경영진의 역할이다. 한편, 오늘날의 혁신은 발전된 기술의 지원 없이는 결코 상상할 수 없다. 살아 있는 혁신생태계 구축을 위해서는 더욱 그렇다.

살아 있는 혁신생태계를 가능하게 만든 기술에는 여러 가지가 있다. 이들 기술은 〈그림 6-2〉와 같이 크게 7개의 범주로 구분할 수 있다. 모든 기술 하나하나 구체적으로 설명할 가치가 충

그림 6-2 | **살아 있는 혁신을 지원하는 기술**

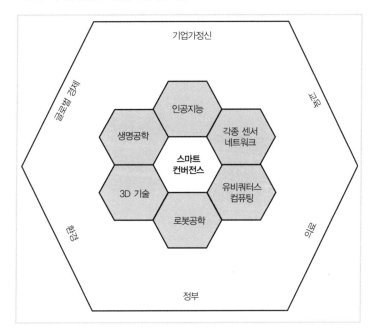

분하지만 여기서는 대략적인 개요만을 설명하겠다.

인공지능

인공지능은 기계가 각종 정보를 수집·공유하고, 특정 패턴을 학습하며 각종 이론과 논리를 개발하고, 사건과 트렌드를 예측하며, 인간의 판단을 지원하는 모든 컴퓨터 프로그램과 알고리

듬을 아우르는 개념이다. 또 인공지능은 클라우드 컴퓨팅을 비롯해 유비쿼터스 컴퓨팅, 빅데이터, 신경망 등 다른 기술에 기반하고 있는 경우도 있다. 인공지능 덕분에 수많은 기기는 사람만큼 뛰어난, 때로는 사람보다 훨씬 더 높은 수준의 지적 능력을 갖게 되었다. 대표적인 사례로 지난 1997년에는 IBM의 슈퍼컴퓨터 딥 블루가 세계 체스 챔피언 가리 카스파로프Garry Kasparov를 상대로 승리를 거둔 바 있다. 또 IBM의 왓슨은 수 년 전부터 의학적 진단, 특히 종양 환자에 대한 진단 영역에서 그 역할을 톡톡히 하고 있다.

2016년에는 구글이 딥러닝 기술로 개발한 로봇 알파고가 세계에서 가장 정교한 게임 중 하나인 바둑을 마스터하고 세계 챔피언 이세돌을 4승 1패로 무너뜨렸다. 이뿐만이 아니다. 페이스북의 딥페이스는 사람의 얼굴을 인식해 기밀 정보를 안전하게 관리하며, 소프트뱅크의 페퍼는 사람의 행동과 표정을 통해 감정까지 유추해낸다.

최근 들어 인공지능은 빅데이터 분석 기술 및 클라우드 컴퓨팅과 결합하여 더욱 빠른 속도로 발전하고 있다. 따라서 오늘날 인공지능은 각종 시스템과 공정, 미래 예측, 사람에 대한 다양한 분석 기술뿐 아니라 인간에 버금가는 감각을 바탕으로 한 즉각적인 의사결정 시스템까지 모두 포함하는 개념으로 볼 수 있다.

스마트 센서의 무선 네트워크

정보통신기술의 급속한 발전으로 완벽한 연결성을 갖춘 무선 네트워크는 살아 있는 혁신생태계를 지원할 수 있게 되었다. 무선 네트워크의 가장 중요한 특징은 사물인터넷, 즉 시간과 장소에 구애받지 않고 무선으로 인터넷을 사용할 수 있는 연결성과 이동성, 이에 관련된 각종 기기 그리고 스마트 센서 등을 꼽을 수 있다. 이러한 네트워크 기술의 발전 덕분에 자율주행자동차, 스마트 홈, 스마트 인프라, 스마트 공장, 스마트 시티를 비롯해 살아 있는 혁신생태계가 출현할 수 있었다. 또한 각 조직은 민첩성과 역동성을 갖게 되어 환경상의 아주 작은 변화에도 즉각적으로 대응하고 의사결정을 할 수 있게 되었다.

유비쿼터스 컴퓨팅

유비쿼터스 컴퓨팅은 각종 데이터와 콘텐츠, 이미지, 사물을 수집하고 공유하며 조작할 수 있는 연결형 마이크로프로세서 네트워크 기반의 만물인터넷으로 '언제, 어디서나 존재하는 무형의 컴퓨팅' 기술로 언급되기도 한다. 특별히 유비쿼터스 컴퓨팅은 참여자 간에 완벽하고 즉각적인 정보 교류의 기회를 제공해 협업을 도모한다는 측면에서 살아 있는 혁신생태계에 아주 중요한 역할을 한다고 볼 수 있다. 이 같은 협업은 착용식 기기를 비롯해 다양한 기기를 활용한 무선기술 및 이동기술, 사회기술sns, 위치기술(GPS 기반) 등을 포함한다. 블록체인 기술과 만물인터넷의 결합은 유비쿼터스 컴퓨팅의 약점인 보안 문제를 획기적으로 해결할 것으로 보인다.

로봇공학

로봇공학은 프로그램화된 기능을 수행하는 각종 기계 시스템으로 기계공학 및 전자공학, 정보통신기술, 소프트웨어공학 등 다양한 학문이 융합된 형태를 일컫는다. 로봇공학의 발전으로 가정과 공장은 물론 군사시설 및 각종 기반시설 관리, 고객 서비스, 의료 서비스 등 다양한 분야에서의 생산성이 실로 엄청나게 증가되었다. 생산 속도 및 정확성, 민첩성, 내구성 등이 향상된 결과였다. 로봇공학의 핵심은 작동의 정확성과 인간보다 훨씬 빠른 속도, 그리고 인간의 신체적 능력을 능가하는 민첩성을 꼽을 수 있다.

이를 바탕으로 각종 로봇은 인간의 노동을 대신하고 있다. 대로변 지뢰 제거나 제철소 용광로 운반처럼 극도로 위험한 작업은 물론 다빈치의 수술용 로봇을 활용한 뇌수술처럼 고도의 정확성이 필요한 작업, 공장에서의 용접이나 일본의 초밥기계 스즈모Suzumo를 활용해 초밥을 만드는 일처럼 빠른 속도의 반복 활동이 필요한 작업, 소프트뱅크의 인간형 로봇 페퍼나 안내데스크 응대처럼 고객 서비스가 필요한 영역에서 각종 로봇은 그 임무를 훌륭하게 수행하고 있다. 오늘날 로봇은 3D 기술 및 인공지능 기술을 탑재하여 다양한 인지적 활동을 수행함으로써 각 조직의 살아 있는 혁신 활동을 지원하고 있다.

3D 기술

3D 프린팅은 디지털 기술 및 각종 기계 기술을 융합한 형태를 일컫는다. 3D 프린팅 상대적으로 새롭게 등장한 형태의 기술로 제조 및 의료 서비스, 생산 공정의 시제품 제작, 각종 탐색적 실험 과정의 새로운 지평을 열었다고 평가받는다. 대표적인 3D 프린팅업체로는 일본의 후지Fuji를 꼽을 수 있다. 후지는 필름 제조업

체에서 인체 장기를 3D 프린팅 기술로 생산하는 의료 영상 전문 회사 및 콜라겐으로 노화 방지제품을 생산하는 화장품 제조업체로 성공적으로 변신했다. 3D 기술은 특별히 살아 있는 혁신생태계의 디자인 사고 과정에 매우 유용하게 사용되고 있다. 각종 실험과 원형 제작을 통한 탐색적 의사결정이 가능하기 때문이다.

생명공학

생명공학은 인류의 역사에서 매우 중요한 역할을 수행해왔다. 고대의 중국인과 이집트인은 각종 병을 치료하고 인간의 수명을 늘릴 수 있는 약초를 채취하기 위해 끊임없이 노력했다. 통일 중국(259-210 BC)의 첫번째 황제 진시황의 경우 불로초를 찾으려고 수천 명의 사신을 풀어 중국 전역을 샅샅이 뒤지기도 했다. 이처럼 동양의 약초의학은 생명공학의 원시 형태로 볼 수 있다.

디지털 시대의 생명공학은 각종 생물과 화학 물질, 기기를 이용해 인간의 건강을 개선하도록 돕는 모든 방법과 제품을 종합적으로 일컫는다고 볼 수 있다. 희귀병이나 난치병과 같은 중증 질병을 치료하기 위한 줄기세포 연구가 대표적인 사례다. 미국 생명공학회사 크리스퍼 세라퓨틱스CRISPR Therapeutics가 개발한 CRISPR-

Cas12a 유전자가위 또한 난치병 치료를 위한 유전자 의학 발전에 상당한 공을 세울 것으로 예상된다. CRISPR-Cas12a 유전자가위는 이미 손상되었거나 치료를 위해 잘라내야 하는 DNA, RNA 핵산 물질을 제거해 중증 질환을 치료하는 기술이다. 이밖에도 23앤드미23andme 혹은 앤세스터닷컴Ancestor.com 같은 각종 사이트에서 제공하는 DNA 검사 키트는 가족 내 유전 정보뿐 아니라 DNA와 관련된 질병 연관성을 보여준다. 생명공학 및 인류 전체의 안녕은 각 조직의 이익은 물론 공공의 이익을 위해 살아 있는 혁신생태계가 추구하는 주요 목표 중 하나다.

각종 기술의 융합

융합은 인간의 독창성을 나타내는 대표적인 현상이다. 인간은 끊임없이 뭔가를 결합하고 연결하면서 다른 종류의 물질을 통합해 새로운 가치를 만들어낸다. 오늘날 많은 사람들이 애용하는 음식과 기기, 약물, 옷 등은 모두 이 같은 융합의 결과로 만들어진 것이다. 정보통신 기술과 컴퓨팅 기술의 융합은 모바일 기술의 혁명으로 이어졌다. 또 스마트 컨버전스는 앞서 언급한 살아 있는 혁신생태계를 지원하는 6가지 기술의 중심에 놓여 있다.

이 기술은 각기 살아 있는 혁신에 중요한 역할을 담당한다.

그러나 6가지 기술이 하나로 융합되어 이전과는 전혀 다른 새로운 상품이나 서비스, 기기나 기술, 산업, 지식, 정보를 만들어내는 경우 그 가치는 기하급수적으로 증가한다. 예를 들어, 뇌파로 작동을 통제할 수 있는 중증 장애인용 스마트 휠체어는 네트워크 센서 및 정보통신기술, 생명공학, 기계공학이 융합된 형태의 제품이다. 몇몇 주요 도시에서 활용되고 있는 스마트 교통통제 시스템 역시 인공지능 및 네트워크 센서, 유비쿼터스 컴퓨팅이 융합된 형태로 볼 수 있다. 시각장애인용 디지털 지팡이 레이는 생명공학과 인공지능, 스마트 센서, 모바일 기술이 융합된 결과다.

이상 7가지의 기술은 살아 있는 혁신생태계를 가능하게 하는 핵심 원동력으로 이를 통해 각종 사회 및 환경, 세계 경제, 교육, 의료, 비즈니스 조직의 관리 시스템이 원활하게 운영된다. 살아 있는 혁신생태계의 궁극적 목표는 이들 7가지 기술을 바탕으로 개인은 자신의 삶을 즐기며 행복을 누리고, 기업은 고객가치 창출을 통해 끊임없이 성장하며, 환경은 더 이상의 훼손 없이 발전하는 스마트 미래를 만들어가는 것이다.

기업가정신,
위험을 감수하고
도전하라

제7장

LIVING INNOVATION

1

기업가정신의
정의

기업가정신Entrepreneurship이라는 용어를 사용한지는 꽤 오래됐다. 의미 또한 꾸준히 확장되어 원래는 경제, 경영학에서 사용하는 용어였지만 지금은 정부와 NGO 단체까지 폭넓게 사용되고 있다. 기업가정신은 기업가 개인이나 조직, 환경적 특성에 따라 다양하게 정의될 수 있다. 그러다 보니 사용하는 환경에 맞게 파생된 용어들도 다양하다.

예를 들어 혁신적 가치 창출을 위한 기존 기업의 기업가정신의 활용을 의미하는 인트라프레너십intrapreneur ship, 정보통신기술 등 새로운 기술을 활용한 새로운 가치의 창조를 의미하는 테크노프레너십technopreneurship, 혁신과 기업가정신을 결합한 이노프레너십이란 용어도 활발하게 활용되고 있다. 그리고 연구자의 관점에 따라 때로는 개인의 기업가적인 성품과 자질 등 내재적인 특성을 의미하기도 하고 때로는 의사결정 등을 포함한 기업을 운영하는 경영관행이 얼마나 기업가적인가를 의미하기도 한다.

기업가정신에 관한 다양한 정의가 존재하지만 기업가정신이 다루는 범위에 따라 협의와 광의의 개념으로 크게 나눌 수 있다. 협의의 개념은 '창업을 결단하고 실행하는 데 영향을 주는 정신'이라고 볼 수가 있다. 예를 들어 어떤 좋은 아이디어가 떠오르거나 시장에서의 기회를 발견했을 때 과감하게 창업을 결단하고 실행하는 의지를 이야기한다.

광의의 개념은 과감한 창업뿐만이 아니라 창업 이후에 기업가적인 의사결정과 행동으로 창업을 성공으로 이끄는 과정까지도 포함한다.

사실 앞의 두 견해가 모두 중요하지만 글로벌 경쟁과 점점 낮아지는 진입장벽으로 인하여 도래한 무한경쟁의 시대 속에서 창업보다는 창업한 기업의 생존이 날로 어려워지고 있고 기업가정신이 창업가뿐만이 아니라 기존 기업의 구성원 모두에게 새로운 가치 창출을 통한 생존을 위해 필수적인 자질로 여겨지는 추세를 고려할 때 기업가정신을 좀더 폭넓게 정의하는 것이 보다 의미 있고 시의적절하다 할 수 있겠다. 그러므로 이 책에서는 광의의 기업가정신에 초점을 두고 기업가정신과 혁신의 관계를 접근하고자 한다.

기업가정신과 혁신의 관계에 대하여 가장 명료한 정의를 내린 사람은 경영학의 거목인 피터 드러커일 것이다. 드러커는 성공적 기업가의 공통점은 어떤 특별한 자질이 아니라 '혁신의 체계적 실현을 위한 헌신적 노력'이라고 봤다. 즉 혁신을 우선순위에 두고 끊임없이 추구했던 기업가가 성공했다는 것이다. 그는 산업의 종류와 규모에 관계없이 '혁신은 기업가정신의 특정한 기능'이라고 정의했다. 그는 혁신을 기업가가 새로운 부를 창출해낼 수 있는 자원을 개발하거나 기존의 자원에 새로운 부를 창출할 수 있는 잠재력을 부여하는 핵심도구로 봤다.

드러커의 기본 전제는 기업가정신은 조직의 규모나 존속 기간과 관계없는 어떤 활동의 집합체라는 것이다. 그리고 이러한 전제 하에 혁신을 기업가정신을 구성하는 핵심 활동으로 본 것이다.

드러커는 혁신을 '기업이 가진 경제적, 사회적 잠재력의 변화를 위해 목적을 가지고 집중하는 것'으로 정의했다. 혁신의 개념을 폭넓게 정의한 드러커의 견해는 혁신의 범위를 기존의 제품과 서비스를 넘어, 고객이 좋아하는 가치 비즈니스 프로세스, 가치사슬, 고객기반 등으로 폭넓게 정의하고 접근한 이 책의 시각과 일치한다.

2

기업가성향의
요인

기업가정신과 혁신의 관계에 대한 드러커의 견해를 잘 뒷받침해
준 연구자는 럼프킨과 그레고리 데스와 이상문이다. 럼프킨과
그레고리 데스는 기업가정신을 창업으로 연결되는 과정에 영향
을 주는 정신으로 정의하고 이와는 별개로 창업을 성공으로 이
끄는 정신과 행동양식을 기업가성향EO : Entrepreneurial Orientation이라
는 개념으로 소개했다.

다시 말해 기업가정신이 창업에 영향을 주는 요인이라면 기업
가성향은 창업을 성공시키는 요인이라고 할 수 있다. 그들이 말
한 기업가정신과 기업가성향을 융합하면 이 책에서 채택한 넓은
의미의 기업가정신과 일치한다 할 수 있다. 럼프킨과 데스는 기

업가성향의 구성요소로 자율성autonomy, 혁신성innovativeness, 위험 감수risk taking, 진취성proactiveness, 경쟁성competitive aggressiveness으로 제 시했다. 이러한 5가지 구성요소 가운데 혁신성을 포함한 것만 봐도 기업가정신과 혁신은 밀접한 관계가 있음을 알 수 있다. 나 머지 4가지 요인도 혁신의 성공적인 완수를 위해 필요한 제품과 서비스의 고객 수용을 이끌어내기 위해서는 꼭 필요한 요인들과 밀접하게 연결이 되어 있음을 볼 수 있다. 즉 기업가성향의 5가 지 구성요소 모두가 혁신과 밀접하게 관련되어 있는 것이다.

이상문은 럼프킨과 데스의 주장에서 한 발 더 나아가 〈그림 7-1〉에서와 같이 기업가성향의 구성요인을 기업가정신이 성공 적으로 구현되게 해주는 구체적인 과정으로 정의했다.

기업가성향을 구성하는 각각의 요인은 다음처럼 정의할 수 있다.

① **자율성** : 창업을 위해 요구되는 독립정신과 자유
② **혁신성** : 문제의 해결을 위한 새로운 아이디어, 실험, 해법 을 장려하고 도와주는 문화와 창의적인 창업가 활동
③ **위험 감수** : 위험을 감수하려는 의지

그림 7-1 | 기업가정신에 영향을 주는 문화와 환경 간의 상호관계

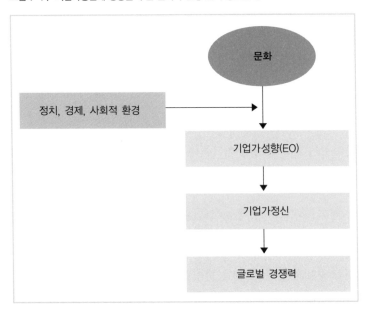

④ **적극성** : 기회를 발견, 추구하고 새로운 시장에 도전하는
것을 즐기는 자세

⑤ **경쟁성** : 경쟁자에 도전하거나 다른 기업에 대한 비교우위
를 달성하는 것을 중요시하는 성취지향적 자세

혁신과 기업가정신의 관계를 명료하게 이해하기 위해서는 발

명과 혁신의 차이를 생각해보면 된다. 때로는 좋은 아이디어가 발명으로 끝나고 때로는 그저 그런 아이디어가 혁신이 되기도 한다. 그 차이는 바로 고객의 수용이다.

고객이 수용하지 않으면 아무리 좋은 아이디어도 단지 발명품을 만드는 데 그치고 만다. 고객이 수용을 할 때 제품이나 서비스에 가치가 부여된다. 그리고 이러한 수용을 이끄는 데 꼭 필요한 기업의 역량이 광의의 기업가정신인 것이다. 그리고 광의의 기업가정신의 핵심이 기업가성향이라고 할 수 있다. 즉 기업가정신은 아이디어의 발견과 구현으로 이어지는 혁신생태계의 전 과정을 통해 혁신에 중요한 영향을 끼치고 있다. 그래서 에릭 노트붐Erik Noteboom은 기업가정신을 혁신의 세부 동인micro driver이라고 정의하기도 했다.

3

기업가정신과
혁신의 관계

사실 혁신과 기업가정신의 범위가 함께 넓어지다 보니 서로 중
첩이 되어 구별이 점점 어려워지고 있다. 혁신이 기업가정신이
고 기업가정신이 혁신이기도 한 세상인 것이다. 기업가정신이
없는 혁신은 어떠한 가치도 만들어낼 수 없다. 마찬가지로 혁신
이 없는 기업가정신은 상상할 수가 없다. 그래서 이상문은 이 둘
을 함께 엮은 개념으로 이노프레너십이라는 개념을 제시하면서
혁신이 가치의 씨를 뿌리는 것이라면 기업가정신은 가치를 수확
하는 추수와 같은 역할을 한다고 했다.

성공적인 혁신을 위해 기업가정신이 중요함을 상징적으로 보
여주는 예는 스마트폰 개발의 역사일 것이다. 나중에 에이티앤

티로 이름이 바뀐 벨사우스Bell South라는 통신회사를 통해 1994년 시장에 도입된 인류 최초의 스마트폰인 IBM의 사이먼Simon은 실패했다. 그러나 애플의 아이폰은 성공했다. 대체 사이먼과 이이폰의 차이점은 무엇이었을까? 그 차이는 바로 기업가정신이었다. 제품뿐만이 아니라 가치사슬, 마케팅 전략, 통신 서비스업체와의 관계마저 근본적으로 변화시켰던 스티브 잡스의 기업가정신이 처음에는 모두가 반신반의하던 아이폰을 성공적으로 시장에 진출시키고 애플을 혁신의 아이콘으로 만든 것이다.

애플의 예처럼 혁신생태계의 성공을 위한 기업가정신의 역할은 절대적이라고 할 수 있다. 그리고 막연한 기업가정신이 아니라 기업가성향에서 제시된 5가지 요소 등을 강조하며 장기적인 관점에서 함양하는 것이 기업은 물론이고 개인과 국가에 매우 중요하다.

그동안 우리나라의 기업은 시장추격자Fast Follower의 전략을 도입하고 실천하는 방식으로 성공했다. 그리고 기업과 정부와 국민의 헌신적인 노력이 열매를 맺어 이제는 어느덧 반도체, 자동차, 조선, 석유화학, IT, 전자제품에서는 이미 시장주도자의 위치에 올라서게 되었다. 즉 추격자에서 추격을 당하는 입장으로 바뀐다. 이러한 변화는 우리 기업이 지속가능한 성장을 하기 위해서는 시장선도자First Mover가 되어야 함을 의미한다. 하지만 아쉽게도 우리가 내세울 만한 시장선도자로서의 제품은 잘 생각이 나지 않는다.

시장선도자가 되기 위해서는 시장의 방향을 정하는 능력이 필요하다. 즉 수동적으로 시장의 추세를 따라가는 트렌드 추격자Trend Follower가 아니라 능동적으로 앞장서서 시장의 새로운 추세를 창조하고 앞장서는 트렌드 형성자Trend Setter가 되어야 한다. 그리고 트렌드 형성자가 되기 위해 꼭 필요한 것이 혁신에 바탕을 둔 기업가정신인 것이다.

오늘날의 기업가는 새로운 가치를 창출하는 아이디어를 끊임없이 만들어내는 사람을 일컫는다. 디지털 시대의 새로운 경제 모델이 등장하면서 오늘날의 기업가는 공유 경제의 이점을 활용하고, 필요한 자원을 확보할 수 있을 뿐 아니라 상황에 따라 사업의 규모를 달리하며 네트워크 경제의 장점도 활용할 수 있게 되었다. 따라서 P2P 플랫폼 기반의 기업가적 생태계 기반의 가상의 기업가정신은 완전히 새로운 혁신적 형태의 기업가정신을 나타낸다. 예를 들어, 기업가는 P2P상에서 가치사슬을 고안해 고객가치를 창출해 생산과 홍보, 유통의 전 과정을 완료할 수 있다. 이 같은 활동의 대부분은 P2P 플랫폼에서의 크라우드 펀딩과 아웃소싱, 전략적 제휴관계를 통해 이루어질 수 있다.

엘스페스 맥파지안Elspeth McFadzean 등은 기업가적 행동이 결여된 혁신 노력은 이루어질 수 없는 꿈을 꾸는 것 같기 때문에 혁신과 기업가정신은 반드시 함께 묶여야 된다고 말했다. 그들은 기업의 기업가정신을 불확실한 환경 속에서 혁신을 추구하기 위한 노력이라고 정의하면서 그 예로 관료주위를 극복하기 위한 노력, 새로운 기회의 평가, 혁신을 위해 필요한 자원의 탐색 배분 등을 들었다. 한마디로 기업가정신이 혁신에 가치 창출을 가능하게 하는 추진 동력을 제공한다는 것이다.

이 책에서 제안하고 있는 살아 있는 혁신생태계는 혁신의 핵심 요소로서 기업가정신을 포함한다. 기업가정신은 혁신의 과정에 꼭 필요한 에너지를 제공하는 비타민과도 같다. 이러한 혁신의 과정은 신제품 및 각종 서비스, 새로운 가치의 기획과 개발, 생산, 판매의 전 과정을 총망라한다. 앞서 언급했듯, 기존의 혁신 방법에 안주하면 조직은 결국 실패할 수밖에 없다. 그러나 각종 개방과 융합을 통해 기존의 혁신 과정 자체를 혁신하면 성공의 가능성이 높아진다. 여기서 유념해야 할 것은 혁신의 전략만큼 그 방향 또한 중요하다는 사실이다. 혁신의 방향은 곧 혁신을 위한 조직의 푯대와도 같기 때문이다. 따라서 혁신의 방향을 적극적으로, 그리고 지속적으로 점검하는 과정이 반드시 수반되어야 한다.

스마트한
혁신의 미래

제8장

지금까지 가치 창출을 위한 혁신의 개념, 진화, 새로운 방법을 알아봤다. 8장에서는 혁신의 미래를 탐색하기에 앞서 혁신을 재구상하고 재창조해야 하는 필요성에 대해 보다 구체적으로 살펴보고자 한다. 어떠한 조직이든 경영 방침은 현재 조직이 운영되는 제반 여건에 도움이 되는 방향으로 결정되어야 한다.

오늘날 우리가 살아가는 디지털 시대의 특징은 크게 3가지로 말할 수 있다. 첫째는 급속한 발전, 둘째는 복잡한 형태의 상호연결성, 그리고 마지막으로 조직의 의사결정이 전 세계에 영향을 미치는 확장성이다.

그렇다면 조직의 효과적인 목표 달성을 위해서는 혁신의 방법도 혁신적으로 바꾸는 것이 당연하다.

혁신은 단지 조직만을 위한 개념이 아니다. 개인과 그룹, 지역사회, 국가, 전 세계에 적용될 수 있다. 따라서 혁신의 궁극적인 목표와 목적은 공공의 이익을 위한 것이어야 한다. 즉, 사람들이 행복하고, 조직이 성장하며, 환경이 건강하게 발전하는 미래를 구축하는 것이다.

이 같은 스마트한 미래에서는 각 개인은 보다 나은 삶을 위한 기회를 탐색할 수 있고, 조직은 고객을 위한 가치 창출을 통해 성장할 수 있으며, 사회는 공공의 이익을 위해 공유비전과 목표를 공동으로 창출할 수 있다. '스마트Smart'라는 단어는 스마트 카, 스마트 홈, 스마트 건물, 스마트 시티, 스마트 국가처럼 최근에 아주 빈번하게 사용되고 있다. 스마트한 미래는 혁신을 위한 모든 창조적인 노력의 궁극적인 지향점이 되어야 할 것이다.

1

디지털 시대를
대비하려면

앞서 살펴봤듯, 오늘날 우리는 예측 불가능성과 복잡성 그리고 전 세계적 영향력이라는 3가지 특징으로 대표되는 뉴 노멀 시대● 를 살아가고 있다. 여기서 살아남으려면 각 기업은 민첩성과 유연성, 회복력은 물론 미래지향적 글로벌 마인드와 인도주의적 자세를 겸비해야 한다. 따라서 혁신은 글로벌 디지털 시대에 조직의 성공을 위한 핵심 요소로 볼 수 있다.

　이쯤에서 미국 정부의 전통적인 경제 정책을 한 번 살펴보도록 하자. 완전고용이 이루어지며 경기가 호황일 때는 임금이 상

● 2008년 금융위기 이후 새롭게 나타난 세계 경제의 특징

승하고 상품과 서비스에 대한 수요가 가파르게 상승한다. 소비자도 경제의 미래를 낙관한다. 이러한 상태는 물가상승에 따른 인플레이션을 유도할 수 있다. 인플레이션을 통제하기 위해 정부는 통화정책으로 금리를 높이고, 금융정책으로 정부의 소비를 늘린다. 그러나 과도한 경제 정책은 오히려 경기 침체를 불러올 수 있다.

이러한 경제이론은 경제 활동이 국내로 제한돼 있고 경제적 성장이 자원의 효과적 활용에 따라 좌우되는 경우에는 무리 없이 적용된다. 그러나 디지털 시대에는 이러한 자원에 대해 소유권을 갖지 않더라도 접근만 할 수 있으면 충분히 부를 창출할 수 있다. 또 오늘날의 글로벌 경제에서 각 기업은 고도의 정보통신 기술과 디지털 네트워크를 활용하며 의사소통 및 각종 의사결정을 신속하게 내린다. 또 가상기업과 더불어 다양한 글로벌 파트너와 협업을 이어간다. 이 같은 새로운 환경에서 기업은 이른바 '트리플 A 전략••'을 구사할 수 있다. 첫번째는 글로벌 기업 전체의 통합된 전략을 개발하는 집합 전략Aggregation, 두 번째는 특

•• 스페인의 경영학자 게마와트(Ghemawat)가 주창한 이론.

정 지역만을 위한 전략을 수립하는 적용 전략Adaptation, 세 번째는 각 지역별 상황의 차이에서 이득을 취하는 중재Arbitrage 전략이다. 이러한 글로벌 디지털 환경은 각 기업으로 하여금 혁신의 개념과 실행 과정을 새로이 개발하도록 요구하고 있다. 따라서 이제는 '틀 밖에서 하는 생각'을 넘어 '틀 자체가 없는 생각'이 필요한 때라고 볼 수 있다. 1961년 존 F. 케네디 대통령의 취임연설 중 유명한 구절을 적용해 생각해보면 이렇게 언급할 수 있다.

혁신이 조직을 위해 무엇을 해줄 수 있는가를 생각하지 말고, 조직이 혁신을 통해 어떻게 하면 좀더 나은 세상을 만들 수 있을지를 생각하라.

2

살아 있는 혁신생태계를
도입하라

전통적으로 조직이 혁신에 접근하는 방식은 안정적이고 신뢰할 만한 혁신 시스템을 개발하는 것이다. 대표적인 사례가 조직 내부의 R&D 전략에 기반한 폐쇄적 혁신 시스템이다. 이후 혁신의 개념은 협력적 혁신, 개방형 혁신, 공동혁신, 그리고 살아 있는 혁신생태계까지 진화해왔다.

상당수 조직은 집단지성과 크라우드 소싱, 글로벌 기업과의 제휴를 적극적으로 받아들이면서도 안정적인 혁신의 구조를 유지하고자 노력한다. 그러나 디지털 시대의 경쟁 환경에서는 예상치 못한 변화가 수없이 발생한다. 따라서 안정적인 혁신 시스템을 구축하고 유지하려면 각 조직은 민첩성과 유연성은 물론

위기상황에 스스로 대처하는 능력까지 겸비해야 한다.

다시 말해, 살아 있는 혁신생태계로 거듭나야 하는 것이다. 살아 있는 혁신생태계는 변화에 빨리 대응함으로써 안정성을 찾는다. 대표적인 사례로 토요타가 도입한 적시생산방식을 꼽을 수 있다. 이 방식을 처음 도입한다고 했을 때 사람들은 생산속도가 증가함에 따라 생산비용은 감소하겠지만, 상품의 품질이 저하될 것이라고 우려했다. 하지만 적시생산방식은 품질 하락을 통해 생산비를 절감한 것이 아니라 자체적인 린 생산방식과 더불어 생산과정의 낭비요소를 제거하고 속도를 개선함으로써 상품의 품질까지 향상시킬 수 있었다.

혁신생태계의 다섯 층위

—

3장에서 우리는 살아 있는 혁신생태계를 구조를 총 5개의 층위로 구분해 살펴보았다(〈그림 3-1〉 참조). 또 살아 있는 혁신생태계를 지원하는 7개의 기술도 설명한 바 있다(〈그림 6-2〉 참조). 여기서는 〈그림 3-1〉에 대한 내용을 좀더 구체적으로 알아보고자 한다.

가장 바깥의 제1층위는 스마트 센서, 인공지능, 빅데이터 분석, 3D 프린팅, 사물인터넷 등으로 대표되는 고도의 기술 망조직으로 이루어져 있다. 이러한 기술은 역동적인 환경 변화에 대해 각종 정보를 실시간으로 제공한다. 제1층위를 통해 조직은 민첩성과 함께 위기에 스스로 대처할 수 있는 능력을 갖게 된다.

제2층위는 조직의 혁신 전략을 포함한다. 이들 전략은 각종 경로를 통해 수집한 정보를 바탕으로 수립되며, 주된 경로로는 R&D, C&D, 집단지성(오픈 소스, 크라우드 소스, 개방형 혁신 프로그램), 제휴업체 및 이해당사자와의 협업, 각기 다른 혁신 아이디어의 융합, 창조적 가치 창출을 위한 디자인 사고, 조직의 고유한 관리시스템, 혁신적 아이디어 평가를 위한 조직 내 지식 경영 시스템 기반의 암묵적 필터 시스템 개발 등을 꼽을 수 있다.

제3층위는 고객과 공급업자, 협력기업, 정부, 지역사회 및 사회 전체 등 혁신의 주요 참가자를 포함한다. 또한 혁신의 주요 목적을 결정하는 방식도 포함하는데, 이는 모든 이해당사자가 공유목표를 공동으로 개발함으로써 수립된다.

제4층위는 혁신의 주요 혜택을 나타내며, 이것은 개인(고객 및 시민)과 지역사회, 조직, 사회 전체, 국가 등이 공동으로 수립한 목표를 바탕으로 한다.

제5층위는 살아 있는 혁신생태계의 궁극적 목표를 표방한다. 이는 곧 사람들이 행복하고, 조직과 사회가 성장하며, 환경이 지속가능한 수준으로 발전하는 스마트한 미래를 나타낸다.

목적
—

살아 있는 혁신은 '가능할 것 같은' 혁신이 아닌 좀더 성공 확률이 낮은 '가능한' 혁신을 지향하는 개념이다. 전통적으로 혁신은 특정 조직이나 집단, 이해당사자를 위한 가치 창출을 목표로 이루어져야 한다고 여겨져 왔다. 그러나 최근에는 혁신의 목적이 이전보다 한층 넓고 광범위해졌다. 책임 있는 혁신, 인도주의적 혁신, 공공의 이익을 위한 혁신처럼 혁신의 이해당사자의 범위가 확대된 것이다. 따라서 혁신의 목적도 특정 개인이나 조직, 국가를 벗어나 더 넓은 범위로 확대되어야 한다.

이와 비슷한 맥락의 일화를 떠올려보자. 미국 항공우주 경비원은 자신의 업무에 대한 질문을 받자 이렇게 대답했다. "우주인이 궤도에 오를 수 있도록 도와주는 것이 제 역할입니다." 살아 있는 혁신의 목적은 공공의 이익을 위해 스마트한 미래를 만들어가는 것이다.

3

가치 창출부터
웰빙 개발까지

'스마트Smart'라는 단어는 열망이 담긴 개념으로 계속해서 진화하고 있으며, 개인의 관점에 따라 다르게 정의될 수 있다. '스마트한 상태'는 개인의 상황이나 환경, 문화, 가치 시스템에 좌우되기 때문이다.

'스마트 퓨처'는 '퓨처 스마트'와는 그 의미가 전혀 다르다. 퓨처 스마트는 특정 개인이나 조직이 앞날의 상황을 예측하고 이에 잘 대비하도록 노력하는 상태를 일컫는다. 그러나 스마트 퓨처는 공공의 이익을 위한 미래를 건설하는 개념이다. 따라서 스마트 퓨처, 곧 스마트한 미래의 일반적인 개념을 정리하면, 좀 더 지능적인 해법들이 개발되고 적용되어 삶의 질을 향상시키는 상태를 의미한다고 볼 수 있다.

미래 사회의 웰빙
—

스마트한 미래는 사람들이 좀더 자유롭게 배움의 기회를 탐색하고, 개인적으로 또 사회적으로 건강한 관계를 구축하며, 직업적으로 안정을 추구하고, 충분한 재정적 자원을 바탕으로 건강한 삶을 추구할 수 있는 환경을 제공해야 한다. 이 같은 스마트한 미래는 사람들의 웰빙을 향상시킬 것이다. 갤럽과 헬스웨이즈 Healthways의 공동연구에 따르면 웰빙은 다음과 같은 특성을 포함해야 한다.

① **목적이 있는 삶** : 사람들은 자신이 매일 하는 일을 즐기고 자신의 목표를 달성하려는 동기가 있어야 한다. 그러므로 야심찬 목표를 세우고 달성하기 위해 노력하는 것이 중요하다.

② **사회적 연대가 있는 삶** : 사람들은 삶에 희망과 의미를 부여

하는 유기적이고 지원적인 관계, 애정, 신뢰, 몰입을 원
한다.

③ **재정적 안정** : 편안한 라이프스타일을 유지하기 위해서는
충분한 재정적 자원이 현재와 미래에 필요하다.

④ **공동체의 만족** : 사람들이 살아가는 장소를 즐기기 위해서는
그들의 공동체, 조직, 국가와 안전을 제공해주는 정부에
대한 자부심이 있어야 한다.

⑤ **신체적 안정** : 삶의 질을 높이기 위해서는 좋은 건강, 건강
한 라이프스타일, 그리고 매일의 활동을 위한 충분한 에너
지가 있어야 한다.

장애물 제거를 위한 혁신
—

스마트한 미래를 건설하는 데는 수많은 난관과 장애가 존재한
다. 살아 있는 혁신은 다음과 같은 주요 문제를 완화하기 위해
새로운 해결책과 기회를 마련해야 한다.

주요 사회적 병폐

오늘날에는 전 세계 모든 국가가 예외 없이 직면하고 있는 문제는 수없이 많다. 대표적인 것으로는 사회적 분열(경제적 측면, 디지털 측면, 목표적 측면 등), 자원의 고갈(식수 부족 현상 등), 빈곤, 노령화, 환경 문제 등이 있다. 여기서는 이 가운데 가장 시급해 해결해야 할 3가지 사회적 분열 현상에 대해 살펴보기로 하자.

① **경제적 분열** : 오늘날 우리 사회는 경제적으로 엄청나게 분열되어 있다. 디지털 시대의 도래와 함께 각종 어려운 문제 해결을 위한 창의적 해결책이 등장했고 (아이폰, SNS, 동영상 스트리밍 서비스 등이 생겨나면서) 사람들의 일상생활도 매우 편리해졌다. 그러나 이러한 혁신은 거대한 규모의 경제적 불평등을 야기했다. 한 조사에 따르면 세계 8대 부호의 재산 총합이 하위 50% 인구(35억 명)의 재산 총합과 맞먹는 것으로 나타났다. 유엔의 전 방위적 노력으로 전 세계 빈곤은 상당 수준 해결되었지만, 고소득층 인구의 숫자는 빠르게 늘어나고 있는데 비해 중산층 인구는 오히려 줄어들고 있다. 경제적 분열 현상을 해결할 수 있는 혁신적

대안 마련이 시급하다.

② **디지털 분열** : 또 다른 심각한 문제는 디지털 분열이다. 이
것은 디지털 기기를 가진 자와 그렇지 못한 자, 인터넷에
접근할 수 있는 자와 그렇지 못한 자 간에 발생하는 간극
을 의미한다. 인터넷을 이용할 수 있는 경우 전 세계 누구
와도 손쉽게 의사소통을 할 수 있으며, 전자상거래 활동도
가능하다. 또 세계 곳곳의 소식을 실시간으로 접할 수 있
다. 그러나 아직까지 무려 10억 명 이상의 인구가 이러한
디지털 기술의 혜택을 전혀 누리지 못하고 있다. 디지털
기술에 접근 자체가 힘든 장애인의 경우 이 같은 디지털
분열은 더욱 심각해진다. 지금은 고인이 된 스티븐 호킹
Stephen Hawking 박사도 디지털 기술에 접근하기 힘든 상황이
었다면 그의 명석한 두뇌를 십분 활용하지 못했을 것이다.

③ **목표의 분열** : 사회적 분열 가운데 가장 심각한 문제는 목표
의 분열이다. 오늘날 전 세계는 거스를 수 없는 심각한 사
회적, 정치적 긴장에 휩싸여 있다. 이로 인해 촉발된 분쟁
으로 목숨 걸고 국경을 넘는 난민의 숫자가 수백만 명에
달한다. 또한 중동, 아프리카, 중앙아시아 등 세계 각지에

서 벌어지고 있는 끝없는 전쟁으로 매일 수백 명의 사상자가 발생하고 있다. 부녀자와 아이 같은 무고한 시민이 희생되고 있는 것이다. 따라서 서로 간의 공유 목표를 함께 개발하고, 세계 각지의 분쟁을 해결할 수 있는 혁신안 마련이 시급하다.

재능과 직업의 연결

갤럽의 조사에 따르면 열정 근로자, 곧 자신의 강점을 직업에 적극 활용하고 있는 사람의 비율은 전 세계적으로 15%에 불과한 것으로 나타났다. 개인의 재능과 직업을 연결할 수 있는 혁신안이 마련된다면 생산성이 향상되는 것은 물론 근로자는 훨씬 행복한 마음으로 일할 수 있게 될 것이다. 열정 근로자의 비율이 단 몇 퍼센트만 높아져도 생산성 증대 효과는 수 조 달러에 육박할 것이라고 갤럽은 전망했다.

새로운 직업 창출

흔히 혁신은 새로운 직업 창출로 이어진다고 말한다. 실제로 수많은 혁신은 기존의 직업을 파괴하거나, 일부 직업을 특별한 기술이 필요 없는 비숙련 직종으로 전락시켰다. 예를 들어, 20세기 초 미국 노동자 가운데 41%는 농업 분야에 종사했지만 지금은 그 비율이 2%로 급감했다. 그러나 생산성은 수백 배나 증가했다. 스마트한 미래는 S자형의 지속적인 혁신이 필요하다. 이를 통해 기존에는 존재하지 않았던 새로운 직업(생명 공학, 경험 중심의 관광, 모바일 콘텐츠나 게임, 웰빙 관련 활동 등)이나 기존 직업의 라이프 사이클을 확대할 수 있는 직업이 창출돼야 한다.

노령화 인구의 활용

노령화는 전 세계적인 추세다. 일본은 이미 인구의 25%가 65세 이상 노령인구다. 스마트한 미래는 노령인구를 건강하고 사회에 참여할 수 있도록 지원해야 할 뿐 아니라 이들의 축적된 지식과 경험을 생산적 가치로 녹여내야 한다. 은퇴한 지식노동자의 경우 지식 기반 회사에서 프리랜서 임시 노동자로 충분히 근무할 수 있다.

지속가능경영 및 녹색경영

스마트한 미래의 주요 장애물 중 하나는 환경이 파괴되고 있다는 점이다. 따라서 이미 손상된 환경을 정화하기 위한 해결책뿐 아니라 지구온난화와 기후변화가 더 이상 진행되지 않도록 예방하기 위한 혁신안이 지속적으로 마련되어야 한다. 스마트한 미래에는 녹색경영에 혜택을 주는 혁신, 그리고 환경적 혁신이 수익 창출로 연결되는 혁신이 필요하다.

4

공공의 이익을 위한
혁신

혁신의 목적이 단순히 특정 조직을 위한 가치 창출을 넘어서는 사례는 수없이 많다. 앞서 언급했듯, 공공의 이익을 위한 혁신은 협업과 디자인 사고, 공유목표의 공동개발을 강조한다. 혁신에 대한 이 같은 계몽적 접근방식의 기본 목표는 '선행을 통한 성공'이다. 연결성을 특징으로 하는 글로벌 경제에서 개인과 정부, 사회적 기관, 시민단체, 지역단체, 기업 등 수많은 주체는 누구나 공공의 이익을 위한 혁신을 추구할 수 있다. 이들은 사람들이 행복하고, 조직과 사회가 성장하며, 환경이 발전할 수 있는 좀더 나은 미래를 만들기 위해 노력한다.

앞서 우리는 사회적 기업가정신에 대해 살펴봤다. 이들 기업은 이윤을 추구할 수도 그렇지 않을 수도 있지만, 보다 나은 미래를 위해 사회적 선행과 기업의 열정이라는 2가지 목표를 동시에 추구한다는 점에서 일반적인 기업가정신과 차이가 있다. 자, 그럼 혁신적 아이디어로 전 인류의 삶을 풍요롭게 하고 있는 다양한 사례를 살펴보도록 하자.

와카워터
—

와카워터Warka Water는 미국의 비영리단체다. 와카워터의 가장 중요한 혁신은 단연 이슬을 모아 식수를 만드는 와카워터 타워로 이탈리아 건축가 아르투로 비토리Arturo Vittori가 설계했다. 와카는 에티오피아에서 '아낌없이 주는 나무'로 통하는 무화과나무를 뜻하는 말로 에티오피아는 와카워터 타워가 처음으로 설치된 곳이다. 타워가 들어선 이후 에티오피아에서는 식수를 얻기 힘든 곳에 사는 사람들도 깨끗한 물을 공급받을 수 있게 되었다.

이외에도 와카워터는 와카솔라Warka Solar라는 이름의 태양열 전지를 설치, 주민들이 태양열을 사용해 각종 전자기기를 충전할 수 있도록 지원했다. 결과적으로 와카워터는 새로운 혁신을 통해 깨끗한 물과 전기를 공급함으로써 에티오피아를 포함해 전 세계 빈곤국가의 삶의 질 개선에 기여한 셈이다.

와카워터의 사례는 사람들의 긴급한 필요를 감지하고 적절한 아이디어를 구상하여 공공의 이익을 위한 시스템을 만들어낸 가장 대표적인 사례로 볼 수 있다.

와카와카

—

와카와카WakaWaka는 마우리츠 그로엔Maurits Groen과 카미유 반 게스텔Camille van Gestel이 2012년 네덜란드에 설립한 글로벌 사회적 기업으로 전 세계 약 43개 저개발국 12억 명 이상의 사람들에게 이동식 태양열 램프를 제공하고 있다. 와카와카는 스와힐리어로 '밝은 빛'이라는 의미를 담고 있으며, 이 회사는 제품 1개를 판매할 때마다 전기 없이 생활하는 빈곤 가정에 태양열 램프 1개를 기부하는 시스템으로 운영된다. 와카와카의 사례 역시 공공의 이익을 위한 살아 있는 혁신의 대표적인 사례로 볼 수 있다.

인공 자궁

—

매년 미숙아로 태어나는 아이들은 수없이 많다. 이들 중 1파운드 미만인 아이들은 대부분 생존하지 못한다. 최근 고도의 생명공학 기술과 각종 융합 기술을 활용해 이들 미숙아의 생존율을 높이기 위한 연구가 진행되고 있다.

상당수 미숙아의 경우 몇 주만 더 자궁에서 자랄 수 있으면 무사히 생존해서 정상적으로 성장할 확률이 크게 높아진다. 이에 필라델피아 아동병원 의료진은 모체의 자궁을 그대로 재현해낸 인공 자궁을 만드는 데 성공했다. 혈중 산소농도가 정상적으로 유지되는 인공 태반에 인공 자궁을 연결한 뒤 양수 등 모든 환경을 실제 자궁과 똑같이 만들어 조산한 아이를 키우는 것이다.

의료진은 이미 조산한 새끼 양을 정상적으로 키워내는 데 성공했다. 이는 추후 미숙아 생존율을 획기적으로 높이는 계기가 될 것이다.

CRISPR 유전자가위

___

다수 기관의 과학자들은 난치병 환자의 치료를 위해 유전자 기반의 혁신적 의료법을 개발해냈다. CRISPR 유전자가위는 분자 형태의 가위로 병을 유발하거나 문제가 되는 DNA만을 선택적으로 제거한다. 미국 생명공학회사 크리스퍼 세라퓨틱스는 유전자가위 기술의 선두기업으로 중증 유전질환 환자들에게 새로운 희망을 제공하고 있다.

컨시어지 의료 서비스

___

상당수 국가의 의료산업은 높은 의료비와 각종 보험정책의 혼란으로 총체적 위기를 맞고 있다. 더욱이 정부는 효과적인 해결책을 제시하지 못한 채 교착상태에 빠져 있다. 이 같은 상황에서 새로운 대안으로 떠오른 것이 컨시어지 의료 서비스다. 대표적인 업체로는 구글 자회사 알파벳Alphabet의 임원 출신 에이드리언 아운Adrian Aoun이 설립한 포워드Forward를 들 수 있다.

사실 컨시어지 의료 서비스는 새로운 개념이 아니다. 미국에는 이미 엠디브아이피MDVIP라는 업체가 컨시어지 의료 서비스를 구현하고 있다. 이곳은 평균 수준의 연회비를 받고 환자가 원하면 언제든지 진료를 받을 수 있도록 운영하고 있다.

그중에서 포워드에 주목하는 이유는 보다 효과적인 진단을 위해 인공지능을 활용한다는 점이다. 예를 들어, 스마트 센서가 탑재된 포워드의 바디 스캐너는 환자가 진료실에 들어서는 순간 환자의 호흡, 체온, 심장박동 등 모든 바이탈 사인을 측정해 환자의 진료기록에 추가적인 정보를 제공한다.

잇 이니셔티브

—

군힐트 스토르달렌Gunhild Stordalen 박사가 설립한 잇 이니셔티브Eat Initiative는 전 세계 사람들이 건강하고 영양가 높은 식습관을 가질 수 있도록 노력하고 있다. 이 과정에서 잇 이니셔티브는 각종 연구단체 및 정부기관, 기업, 자선단체, 비영리단체의 글로벌 플랫폼 역할을 하고 있다. 이들 조직은 모두 식습관 문제(비만 관련

질환 등)와 영양 불균형 문제를 해결하고, 21세기 중반까지 약 90억 명으로 늘어날 전 세계 인구를 대상으로 효과적인 식량 제공 정책을 수립한다는 공통된 목표를 갖고 있다. 물론 잇 이니셔티브가 오늘날 식량과 관련해 직면한 모든 문제를 해결할 수 있는 건 아니다. 그러나 공동으로 문제를 해결하는 모범적인 사례를 보여주고 있는 것만은 분명하다.

스타링크

—

스타링크Starlink는 테슬라와 스페이스엑스SpaceX의 설립자 일론 머스크Elon Musk가 야심차게 추진하고 있는 또 하나의 프로젝트다. 머스크는 자동차 및 우주 관련 산업에서 늘 대담하게 도전하고 모험하는 기업가로 유명하다.

스타링크 프로젝트는 지구의 저궤도에 1만 2,000개의 소형 인공위성을 쏘아 올려 전 세계 곳곳에 저렴한 비용으로 인터넷 광대역 서비스를 제공한다는 계획을 갖고 있다. 이 프로젝트는 이미 미국 연방통신위원회의 승인도 받은 상태다. 아직 실행되지는 않았지만 스타링크 프로젝트는 보다 많은 사람들의 필요를 감지해 이들의 삶의 질을 개선하고자 노력하는 살아 있는 혁신의 대표적인 사례로 볼 수 있다.

5

스마트한 미래의
신세계

인간의 노력의 궁극적 목표는 개인의 성취를 위한 가치 창출일 수 있다. 그래서 조직 내에서 상품과 서비스를 만들고 각종 모험을 시도하거나 좀더 효과적인 가치사슬을 고안해낸다. 스마트 인프라, 스마트 시티, 스마트 정부 등 다양한 개혁 정책도 궁극적으로는 개인의 성취를 위한 것일 수 있다. 하지만 반대로 인류 전체의 공공의 이익을 위한 노력일 수도 있다. 스마트한 미래 건설은 모든 개인과 주체가 원하는 일이다.

싱가포르 정부는 이미 '스마트 국가 건설'을 국가의 최우선순위 과제로 공표했다. 다른 많은 나라 역시 비슷한 이름의 목표를 수립하고 스마트한 미래 건설을 위해 나아가고 있다. 이스라엘과 한국은 '창조경제 건설'이라는 국가적 목표를 제시했다. 이 같은 거대한 국가적 목표 개발은 보통 중앙정부가 지휘하는 것이 일반적이다. 이 과정에서 대부분의 정부는 스마트한 국가 건설을 위해 몇 가지 필수사항을 강조하고 있다. 몇 가지 공통된 우선순위 항목은 다음과 같다.

- 과학 및 공학, 각종 기술(정보통신기술, 생명공학, 나노기술, 로봇공학, 인공지능)을 위한 연구 인프라 구축
- R&D 센터, 각종 연구소, 혁신센터 설립
- 경제성장 지원을 위한 정부구조 개편 및 예산 편성, 정책 수립
- 기초과학, 기술, 공학, 수학 프로그램 편성
- 융합 혁신을 위한 응용연구센터 설립
- 디지털 시대의 새로운 직업을 위한 대규모의 근로자 교육 프로그램

이상 열거한 프로그램은 정부의 성과를 보여줄 수 있는 가시적인 결과물이다. 그러나 스마트한 미래 건설에는 이 같은 하드

웨어 중심의 혁신 이상의 것이 필요하다. 그것은 곧 완벽한 형태의 살아 있는 혁신 전략으로 이 전략은 수많은 기술 중심 프로그램이 성공적으로 실행될 수 있는 단단한 토대를 제공한다. 좀더 구체적으로는 다음과 같은 소프트웨어적 가치를 들 수 있다.

- 사회적 정의 : 법 적용의 보편성, 사회적 책임감 및 투명성
- 창의성을 중시하는 문화와 환경
- 기업가정신 및 위험감수, 실패로부터 얻는 교훈을 지지하는 분위기
- 단순한 취업을 넘어 직업 창출을 지원하는 사회적 제도
- 협동적 리더십과 집단지성, 공유가치, 공유목표, 스마트한 미래 건설을 위한 적극성을 옹호하는 분위기

6

살아 있는 혁신이
꼭 필요한 분야

지금까지 반복해서 언급했듯, 디지털 시대는 예측 불가능한 급속한 변화와 더불어 복잡성과 불확실성, 개방형 경쟁 체제로 특징지을 수 있다. 디지털 시대의 발달된 기술을 적극적으로 활용하면 개인과 기업, 공공기관은 훨씬 생산적인 조직으로 거듭나 새로운 경험의 기회를 누릴 수 있을 것이다. 그러나 이 같은 기술적 수단은 때로 파괴적인 힘을 발휘해 개인과 조직, 사회에 고통을 안겨줄 수 있다. 예를 들어, 오늘날의 경쟁은 더 이상 국내 경제 등의 동일 지역, 동종 산업 내에 국한되어 있지 않다. 경쟁자는 전 세계 어느 곳에서나 모든 산업에서 어떤 형태로든 출현할 수 있다.

IBM이나 알파벳, 마이크로소프트는 아마존이 클라우드 컴퓨팅 서비스의 지배적 경쟁자가 되리라고는 전혀 예상하지 못했다. 인텔Intel도 엔비디아Nvidia가 자율주행자동차 및 암호화폐 시장의 선두적인 칩 생산업체로 부상할 것이라고는 전혀 내다보지 못했다. 미국 업체들 역시 한국의 LG화학이 전기자동차 배터리 시장의 1위 업체로 떠오를 것이라고 미처 생각하지 못했다. 미국과 유럽의 화장품 회사도 마찬가지다. 코닥의 경쟁사였던 카메라 필름 제조업체 후지가 노화 방지 화장품 시장을 지배할 것이라고는 감히 상상조차 하지 못했다. 이와 비슷하게 우버와 에어비앤비도 기존의 택시산업 및 호텔산업에 대대적인 지각변동을 일으켰다.

디지털 시대의 획기적인 변화를 가져온 주요 기술(인공지능, 생명공학, 3D 프린팅, 로봇공학, 유비쿼터스 컴퓨팅, 네트워크 센서, 융합)로 인해 창조적 기업가나 중소기업, 대기업은 물론 사회적 기업가까지도 획기적인 신기술이나 혁신적 아이디어를 개발해 새로운 비즈니스 모델이나 제품, 서비스를 선보일 수 있게 되었다. 이러한 변화를 성취하려면 다음의 주요 영역에서 살아 있는 혁신 과정이 반드시 실천되어야 한다.

정부의 혁신

세계화 및 디지털 시대가 급속히 확산됨에 따라 기업 및 국제무역, 사회적 인프라에서의 혁신을 통해 상당한 수준의 경제발전이 이루어졌다. 그러나 이에 비해 상대적으로 모든 국가에서 공통적으로 발전이 더딘 분야가 있다. 바로 행정부를 포함한 정치 분야다. 정치 분야에서도 살아 있는 혁신을 통한 많은 변화가 이루어져야 한다.

살아 있는 혁신을 통해 법치가 정립되고 사회적 책임감과 투명성이 정착되면 정치인의 은밀한 거래나 부정부패, 당파 분쟁은 머지않아 자취를 감추게 될 것이다. 또한 일반 국민도 소셜 네트워크 서비스나 빅데이터 분석, 실시간 의사소통 기기를 통해 정치에 직접적으로 참여할 수 있게 될 것이다. 투표로 선출된 공무원이나 정부 관료는 국가와 국민을 위해 실행한 각종 프로젝트와 프로그램 결과를 바탕으로 평가받게 될 것이다. 또한 공무원은 일종의 '공공 기업가'로 근무하며 국민을 위해 보다 나은 가치를 창출할 수 있는 방법을 끊임없이 모색해나갈 것이다. 이 같은 맥락에서 이미 상당수 정부는 블록체인 기술을 도입해

정부의 투명성과 책임감, 신뢰도를 획기적으로 개선하기 위해
노력하고 있다.

창조적 경제 및 일자리 창출
—

전 세계는 현재 새로운 전쟁에 직면하고 있다. 그것은 정치적 분
쟁이 아닌 일자리 창출을 위한 전쟁이다. 오늘날 직업이 필요한
인구는 30억 명에 달하지만 실제로 직업을 가진 인구는 18억 명
에 불과하다. 따라서 전 세계 인구가 지속 가능한 삶의 질을 유
지하기 위해서는 12억 개의 추가적인 일자리가 필요한 셈이다.

예를 들어, 지난 2011년 발발한 '아랍의 봄'은 대부분의 사
람이 생각하는 것처럼 종교적인 원인 때문이 아니었다. 일자리
를 찾지 못한 튀니지의 한 청년이 분신자살을 선택하면서 촉발
된 대대적 반란이었다. 이 같은 중동 지역의 불길은 시리아, 이
라크, 리비아, 수단 및 여러 국가로 번져나갔다. 그리고 그 중심
에는 일자리 부족이라는 원인이 자리하고 있었다. 이 문제를 해
결하기 위해 다수의 국가는 창조적인 경제 프로그램을 도입해

일자리 창출을 최우선순위로 삼았다. 수많은 연구소와 기술 개발 단체, 각종 기업이 일자리 창출과 경제 개발을 위해 힘을 모았다.

그러나 여러 국가에서 야심차게 시작된 창조경제 프로젝트는 관료주의 정치 게임과 비효율적인 교육 프로그램, 교묘하게 위장한 복지 정책으로 변질되며 결국 실패하고 말았다. 창조경제를 달성하기 위해서는 살아 있는 혁신을 기반으로 좀더 넓고 객관적이며 근대적인 프로그램이 필요하다. 중소국가 역시 국가적 역동성을 바탕으로 글로벌 고객 수요를 정확히 파악해 P2P 플랫폼을 통한 가상의 시장을 창출, 고유의 상품과 서비스를 홍보하면 세계적 강대국으로 얼마든지 거듭날 수 있다.

이스라엘의 경우 기술관련 틈새시장 및 각종 애플리케이션의 세계적 허브로 발돋움했다. 한국은 세계 최고 수준의 인터넷 속도와 모바일 기술 인프라를 자랑한다. 페루의 소규모 알파카 농장주들은 전자상거래를 통해 세계 최고급 알파카 제품을 판매하고 있다. 요컨대, 살아 있는 혁신은 창조적 아이디어의 개발 및 공유, 실행을 통해 일자리를 창출할 수 있는 창조경제 인프라의 기본 생태계가 될 수 있는 것이다. 일자리 창출은 새로운 벤처사

업가의 기업가정신과 더불어 부가가치 창출이 가능한 대기업의
각종 제품과 서비스를 바탕으로 한다.

교육의 혁신

—

가장 중요한 동시에 가장 많은 변화가 필요한 분야가 바로 교육
이다. 대부분 국가에서 이루어지고 있는 현재의 교육 시스템은
다가오는 디지털 시대의 인력을 키워내는 데 역부족이다. 따라
서 일부 미래학자는 2030년이 되면 오늘날 대학의 약 50%가 사
라질 것이라고 전망하고 있다. 스마트한 미래를 건설하려면 살
아 있는 혁신의 바탕이 되는, 디지털 시대의 핵심 기술을 잘 활
용할 수 있는 인재가 필요하다.

　앞서 언급했듯, 앞으로는 직업의 수명 주기가 극도로 짧아짐
에 따라 특정 직업의 특정 업무를 수행하는 인재 채용 방식은 사
라질 것이다. 미래의 조직은 민첩성과 적응력, 창조력, 유연성
을 바탕으로 시장의 환경 변화에 따라 자신의 직업을 새로이 개
발해낼 수 있는 인재가 필요하게 될 것이다. 이런 측면에서 보면

현재의 고등학교 및 대학교 졸업생은 인공지능 시대에 효과적으로 업무를 수행할 수 있는 준비를 갖추지 못한 상태다. 따라서 유치원 시기부터 다양한 디지털 기기를 활용해 과학, 기술, 공학, 수학 등 기초학문 교육과 함께 협업 능력을 증대할 수 있는 다양한 교육을 실시해야 한다. 교육은 주로 비판적 사고 및 공동작업, 문제해결, 협업, 공유목표의 공동개발에 초점을 맞추어야 한다.

세계경제포럼은 평생학습이 필요한 영역을 총 3개 분야의 16개 항목으로 도출했다. 3개 분야는 기초역량, 수행역량, 기질특성이다.

- **기초역량** : 독해역량, 산술역량, 과학역량, 정보통신기술역량, 재정역량, 문화 및 시민역량
- **수행능력** : 비판적 사고 및 문제해결능력, 창의력, 의사소통능력, 협업능력
- **기질특성** : 호기심, 진취성, 인내심, 투지, 적응력, 리더십, 사회적·문화적 관심

이상의 16가지 능력은 디지털 시대의 인력 개발을 위해 꼭 필요한 평생교육 분야라고 볼 수 있다. 그러나 미래형 노동자를 양산하기 위해서는 보다 실질적인 교육 프로그램이 필요하다. 대표적인 사례로 IBM이 시작한 일종의 고등전문대학 피테크P-Tech를 꼽을 수 있다. 고등학교 9학년을 마친 후 6년간의 피테크 프로그램을 이수하면 준학사 학위를 받을 수 있다. 이 같은 프로그램을 운영하는 미국 기업은 이미 100곳이 넘는다. 오늘날 디지털 시대의 구인시장에서는 이른바 '뉴칼라'로 대표되는 고위 서비스직뿐 아니라 블루칼라, 화이트칼라의 직종에서도 피테크 졸업생을 유치하기 위한 경쟁이 매우 뜨겁다.

샌프란시스코 클레어몬트대학에 속해 있는 켁대학원의 미네르바스쿨은 혁신 대학의 선두주자로서 혁신적 능력과 글로벌 시민으로서의 자세, 비판적 사고 능력, 종합적 지식 및 전문성을 갖춘 인재 양성에 주력하고 있다. 미네르바스쿨은 오직 능력만으로 학생을 선발한다. 작년 신입생의 경우 총 2만 명이 지원해 210명만이 입학했을 정도로 경쟁이 치열하다.

대학의 일부 과정은 온라인으로 진행되며 토론과 협력에 주력하고 있다. 4년 동안 학생들은 전 세계 6개의 캠퍼스(서울, 하이

데라바드, 베를린, 부에노스아이레스, 런던, 타이베이)에서 학습하며 다양한 문화를 경험하고 글로벌 시민으로서의 자세를 배우게 된다. 미네르바스쿨은 디지털 시대의 미래 혁신가를 양성하는 전형적인 교육 프로그램으로 볼 수 있다. 이밖에도 혁신을 통해 하드웨어적 역량과 소프트웨어적 역량을 동시에 갖춘 대표적인 뉴칼라 인력 양성소로 싱귤래리티대학교를 꼽을 수 있다. 반기문 유엔 사무총장의 주도로 만들어진 UNAIUnited Nations Academic Impact도 의미 있는 국제조직이다. UNAI는 젊은 지식인들의 사회적 책임을 강조하고 있으며 전 세계 1,400여 대학이 가입하여 공공의 선에 기여할 수 있는 젊은 리더들을 키우고 있다.

의료산업의 혁신

—

대대적인 변화가 필요한 또 다른 분야는 의료산업이다. 많은 선진국에서 의료산업은 총체적 혼란 상태에 놓여있다. 의료비는 매년 빠른 속도로 증가하고 있으며, 대부분의 국가가 의료보험 비용 문제로 곤란을 겪고 있다. 감당하기 힘든 의료보험 정책으로 국가 예산이 적자상태에 이르고 있는 것이다.

그러나 살아 있는 혁신을 통해 의료서비스 제공자와 이용자는 새로운 의료서비스 프로그램을 고안해낼 수 있다. 예컨대, 인공지능을 활용하면 훨씬 낮은 비용으로 이전보다 높은 품질의 의료서비스를 제공할 수 있다. 환자들도 컨시어지 프로그램을 이용할 수 있고, DNA 테스트를 이용해 유전질환의 위험도를 미리 파악할 수 있다.

미국 식품의약국은 최근 23앤드미, 페이션츠라이크미Patients LikeMe, 큐리어스Curious 등의 유전자 분석 기업에 대한 규정을 명시해 개인의 DNA 정보를 제공함으로써 특정 질병에 대한 가능성을 미리 파악하도록 했다. 이러한 발전은 의료서비스 제공자 및 이용자 모두에게 살아 있는 혁신을 통해 의료산업이 어떻게 혁신적으로 변화될 수 있는지를 보여주는 좋은 본보기다.

Afuah, A. & Tucci, C. L. (2013). Value capture and crowdsourcing. Academy of Management Review, 38, 457−460.

Bason, C. (2010). Leading Public Sector Innovation. Bristol, UK: Policy Press.

Boudreau K., & Lakhani K. (2009), How to Manage Outside Innovation, Sloan Management Review, Summer 69−76.

Brown, T. (2008). Design thinking, Harvard Business Review, June, 84−92.

Chesbrough, H. (2003). Open innovation: the new imperative for creating and profiting from technology. Cambridge, MA, USA: Harvard Business School Press.

Chang, H−J. (2010). 23 things they don't tell you about capitalism. New York, NY, USA: Bloomsbury Press.

Clifton, J. (2011). The Coming Jobs War. New York, NY, USA: Gallup Press.

Drucker, P. F. (1985). The discipline of innovation, Havard Business Review, May−June, 67−72.

Flaxman, M. (2017, Feb 23) The blockchain is evolutionary not revolutionary, Retrieved from https://eng.paxos.com/the−blockchain−is−evolutionary−not−revolutionary

Ghemawat, P. (2007). Managing differences: the central challenge of global strategy, Harvard Business Review, 85(3): 59–68.

Gobble, M. A. (2014). Charting the innovation ecosystem, Research and Technology Management, 57(4): 55–59.

Goldman, D. (2015). Bill Gates' Poop Water Machine Gets a Test Run, Retrieved from http://money.cnn.com/2015/08/13/technology/bill-gates-poop-water/index.html.

Govindarajan, V. (2016). The Three-Box Solution: A Strategy for Leading Innovation. Boston, MA, USA: Harvard Business Review Press.

Harter, J. (2007). Engaged workers report twice as much job creation. Gallup Organization.

Haskel, J. and Westlake, S. (2017). Capitalism withoutt capital: The rise of the intangible capital. Princeton, NJ, USA: Princeton University Press.

Howkins, J. (2013). The Creative Economy: How People Make Money from Ideas, London, UK: Penguin.

Hunt, M. (2017). DreamMakers: innovating for the greater good, Saltaire, UK: Greenleaf.

Inside BigData. (2017). The exponential growth of data. Retrieved from https://insidebigdata.com/2017/02/16/the-exponential-growth-of-data/

Jensen, R. and Aaltonen, M. (2012). Renaissance society. New York, NY, USA: McGraw-Hill.

Kanter, R. M. (2012). The business ecosystem, Harvard Magazine, Sept.-Oct.: 39-40.

McGrath, R. G. (2013). The End of competitive advantage. Cambridge, MA, USA: Harvard Business Press.

Kim, W. C. & Mauborgne, R. (2005). Blue Ocean Strategy. Cammbridge, MA, USA: Harvard Business School Press.

Lawlor, A. (2014). The innovation ecosystems: empowering entrepreneurs and powering economies, The Economist Report, 117-138.

Lee, S. M. (2018). Innovation: from small "i" to large "I", International Journal of Quality Innovation, http://doi.org/10.1186/s40887-018-0022-4.

Lee, S. M. & Olson, D. (2010). Covergenomics. Surrey, UK: Gower.

Lee, S. M., Olson, D., & Trimi, S. (2012). Co-innovation: convergenomics, collaboration, and co-creation for organizational values, Management Decision, 50(5), 817-831.

Lee, S. M. & Peterson, S. (2000). Culture, entrepreneurial orientation, and global competitiveness, Journal of World Business, 35(4):401-406

Lee, S. M. & Trimi, S. (2017). Innovation for creating a smart future, Journal of Innovation and Knowledge, http://dx.doi.org/10.1016/j.jik.2016.11.001.

Lumpkin G. & Dess, G. (1996). Clarifying the entrepreneurial orientation construct and linking it to performance, Academy of Management, 21(1), 135–172.

Lusch, R. F& Vargo, S. L. (2006). The service–dominant logic of marketing reactions, reflections, and refinements, Market Theory, 6(3), 281–288.

March, J. G. (1991). Exploration and exploitation in organizational learning, Organization Science, 2, 71–87.

Mierzwa, E. (2017), Bank of America Wants Customers to Keep, Bank of America wants their customers to keep their change, Retrieved from https://www.philadelphiafed.org/community–development/publications/cascade/64/08_bank–wants–customers–to–keep–their–change.

Moggridge, B. (2009) Retrieved fromhttp://www.mind-lab.dk.

Moore, J. (1996). The Death of Competition: Leadership and Strategy in the Age of Business Ecosystems. New York, NY, USA: Harper Business.

Nonaka, I., & Takeuchi, H. (1995) The Knowledge–Creating Company. New York, NY, USA: Oxford University Press.

OReilly, C. A. & Tushman, M. L. (2013). Organizational ambidexterity: past, present, and future, Academy of Management Perspectives, 27(4), 324−338.

Porter, M. E. (1979). How competitive forces shape strategy. Harvard Business Review 57(2), 137−145.

Porter, M. E. (1998). Competitive Advantage: Creating and Sustaining Superior Performance, New York, NY, USA: Free Press.

Porter, M. & Kramer, M. (2011). Creating shared value, Harvard Business Review, Jan−Feb, 62−77.

Rogers, D. L. (2016). The digital transformation playbook, New York, NY, USA: Columbia University Press.

Scott, A. (2006). Cultural economy and creative field of the city, Journal of Compilation, 92(2): 115−130.

Segars, A. H. (2018). Seven technologies remaking the world, MIT Sloan Review, March. 3−19.

Shilling, M. (2017). Strategic Management of Technological Innovation. New York, NY, USA: McGraw−Hill Irwin.

Sheppard, B., Edson, J., & Kouyoumjian, G. (2017). More than a feeling: ten design practices to deliver business value, McKinsey Co., Dec. Retrieved from https://www.mckinsey.com/business−functions/mckin-

sey-design/ our-insights/more-than-a-feeling-ten-design-
practices-to-deliver-business-value.

Soffel, J. (2016). What are the 21st-centuryskillseverystudentneed?
WorldEconomicForum,March10.

Tapscott, D. (2006). Wikinomics: How Mass Collaboration Changes
Everything. New York, NY, USA: Portfolio.

Vastag, B. (2011, Feb 10). Exabytes: documenting the 'digital age' and
huge growth in computing capability. Retrieved from http://www.
washingtonpost.com/wp-dyn/content/article/2011/02/10/
AR2011021004916.html.

Von Hippel, E. (2017). Free innovation. Cambridge, MA, USA: MIT Press.

Wubben, M., & Wangeheim, F. (2008). Instant customer base analysis:
managerial heuristics often "get it right", Journal of Marketing, 72(3):
82-93.

이 책은 《메타 이노베이션》 개정판입니다.

이 저서는 2018년 대한민국 교육부와 한국연구재단의 지원을 받아 수행된 연구임.
(NRF-2018S1A3A2075240)

뉴 비즈니스의 핵심 전략, 리빙 이노베이션
혁신 5.0

제1판 1쇄 인쇄 | 2019년 5월 13일
제1판 1쇄 발행 | 2019년 5월 20일

지은이 | 이상문 · 임성배
펴낸이 | 한경준
펴낸곳 | 한국경제신문 한경BP
책임편집 | 이혜영
교정교열 | 김선희
저작권 | 백상아
홍보 | 이여진
마케팅 | 배한일 · 김규형
디자인 | 지소영
본문디자인 | 디자인 현

주소 | 서울특별시 중구 청파로 463
기획출판팀 | 02-3604-553~6
영업마케팅팀 | 02-3604-595, 583   FAX | 02-3604-599
H | http://bp.hankyung.com   E | bp@hankyung.com
F | www.facebook.com/hankyungbp
등록 | 제 2-315(1967. 5. 15)

ISBN 978-89-475-4476-4 03320